（蘇光勳提供）

這是我三、四個月大時的照片。
看我圓圓滾滾的臉，真是愛吃。

猜猜看，我是哪一位？

我四歲時，一家人在廬山度假拍的照片
現在只剩下哥哥「在家」了。

兩歲時和哥哥在圓山動物園的照片。
現在圓山動物園是歷史名詞了。

右一是我還未出家時的
藏文老師突滇喇嘛。

這是初抵尼泊爾時剃度的照片，
中間是我的剃度師塔立仁波切。

一九八九年日常法師（右二）帶團前往達蘭沙拉拜謁法王。
左一是母親，左二是父親，左三是吳叔叔；
右一是阿旺札西的父親。這是我的第一次初試啼聲翻譯，
結果把八月十三日翻譯成十三月八日，惹得法王哈哈大笑。

這是學校到下達蘭沙拉市區的一條路，路程約半小時。
背後是被皚皚白雪覆蓋的連綿山頭。
左二是阿旺札西的室友，左三是來自英國的學長，
右一是我的第一位室友，右二是阿旺札西的父親。（1990.1.2攝）

一九九六年法王到洛杉磯講法。後來我和洛桑阿旺到Hollywood University Studio參觀時拍的照片。（1996.8.12攝）

這是我剛到辯經學院時分配到的宿舍。

這是父親剛帶我到印度時與洛桑校長的合照。
（左一是阿旺札西，左二是洛桑校長）

我和阿旺札西剛到達蘭沙拉時的模樣，
有像吧！

在尼泊爾時，我和阿旺札西趁著假日去朝聖。
如果你是剛到尼泊爾，千萬別學我們喝生水，
不然保證你「拉不停」！

左二是我，左三是阿旺札西；
右一是圖丹札巴，
他是我初到印度時的室友。

這是我剛剃度後沒幾天的照片，
看來我的調皮本性在出家後依然不改
我的這個模樣，像不像孫猴子？
阿旺札西也好不到哪裡！
我們是哥倆好，一對寶。

在北印度達蘭沙拉的王宮內法王為我加持（1992攝）

雖然已經習慣穿裙子
（其實是一塊布圍起來），
但是看到兩個大男生撩起裙角的「雅姿」，
還是覺得慘不忍睹。
我怎麼會做出這種動作？！

和同學們在校園內踢毽子。
注意：背對著、左手「姿態優雅
的那個人，你們一定認識他。

一九九七年母親來印度剃度出家。
背後是法王的王宮。（1997.12.12攝

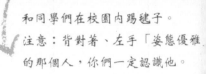

每週五在大昭寺內有固定的班級辯經辯論。

一九九八年受比丘戒時父親和哥哥來印度看我。
在校園附近，趁著沒人的時候，
我和哥哥擺了一個很三八的POSE。

這是大學畢業時的辯經畢業考。
壇確校長（正面右一）前面的凌亂信封就是考題。
校長抽出題目後，我們只有五分鐘的思考時間，就必須開始辯經了。

這是恩師洛桑校長，
左一是洛桑阿旺。
看到他們開心的笑容，
很難接受他們已經
不在人世了。

一九九七年法王在紐約莊嚴寺講法。
左一是法王的英文翻譯圖丹津巴（英文—藏文的翻譯）；
右一是《西藏生死書》的譯者鄭振煌（英文—中文的翻譯）
而我則是藏文—中文的翻譯。

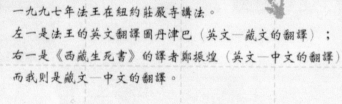

母親來達蘭沙拉看我。
左後方的白色建築物就是我的學校。

壇確校長拜訪證嚴法師。
壇確校長送證嚴法師白度母法相，
證嚴法師送兩本書給壇確校長。

一九九四年，父親帶團到印度晉見法王，
我在一旁翻譯。

壇確校長來台灣埔里的辯經學院教授佛學課程。

唉！我又要翻譯了！

「在家」「出家」，

母親都是最溫柔的。

自己的路，勇敢的走

蔣揚仁欽 著

謹以此書獻給

慈悲的達賴喇嘛

親愛的雙親

還有

所有可敬可愛的師長們

出版緣起

走在勇敢的路上

何飛鵬

第一次遇到蔣揚，聽到他的故事，我的思緒回到我女兒身上；那一年她十五歲，我帶她到美國紐澤西的鄉下，一個感覺像荒郊野外的寄宿學校。她站在校園中的大樹下，九月的寒風，瑟縮的身影，她揮手叫我們離開，我忍不住想問：「一個人在這裡唸書，你會不會害怕呀？」話到嘴邊又吞了回去，害怕又能如何呢？望著她身影遠去，我只能在心裡念著：女兒啊，自己的路，勇敢的走！

看到蔣揚，我又感受到完全一樣的情緒，我鼓勵蔣揚，說出自己的故事，說出自己的感受，告訴所有的年輕人：自己的路，勇敢去走！

做為父母，我感受到這一代年輕人的苦悶，他們有我們未曾經歷的美好物質生活，但他們也有我們這一代苦幹、拚命之後，對下一代產生過高期待的壓力。在台灣，升學、讀書是唯一的一條路，如果一個小孩，書讀得不好，他在台灣的學校、老師、同學中是抬不起頭的——不管他在其他方面是多麼的合群、健康、才華橫溢；甚至老師會跟成績好的同學說，不要跟「某某人」在一起，因為他成績不好會受影響。

當大家都擠在升學的窄門中時，物競天擇變成最簡單的生活定律，小孩子被分成兩類：成績好與成績壞，那是兩個世界，人的一生可能在他十多歲的青少年時，就被決定了不同的命運。

蔣揚在十多歲的時候，決定走自己的路，到印度去進入佛學世界，我不敢說他在十三歲時，就已經思慮周詳，洞澈人生的未來，但是即使五十歲的我，又何嘗想清楚所有的事，謀定而動呢？說穿了不過就是一句話：自己的路，勇敢的走罷了。

台灣的教育環境，我們實在無法讓所有的年輕人都擠入升學、考試的窄門，我們應該鼓勵他們有自己的選擇，有自己的興趣，走自己的路；蔣揚述說的是一條佛學的路，走向「愛自己以外的每一個人」，他不是鼓勵你學佛，而是說明人生可以有很多選擇路徑，也許孤寂，也許蔓草及膝，令你迷惑，但每天的勇敢，每分每秒的勇敢，每次選擇的勇敢，面對未知的勇敢，那麼路就在腳下，就在遠方。

祝福蔣揚，祝福我女兒，也祝福每一個和他們一樣年紀而迷茫的小孩。

（本文作者為城邦文化事業股份有限公司總經理）

專文推薦

後繼有人，豈不高興！

聖嚴法師

我與蔣揚並不很熟，他的俗家父親早年曾經在農禪寺皈依三寶，但也不常見面，後來他們全家都成了藏傳佛教的信奉者和修行者，因緣就是如此微妙。

由於第十四世達賴喇嘛兩度訪問台灣，都是蔣揚擔任漢語翻譯，一九九八年我與達賴喇嘛在紐約舉行的「漢藏佛學世紀大對談」，也是蔣揚做了我們之間兩種語言對譯的橋樑。

這位年僅二十來歲的小喇嘛，在成千上萬位東西方聽眾之前，作即席的口譯，從容、沉著、謙沖、用心、漢藏雙聲帶發音，都很清晰流暢，實在令人激賞！所以在對談結束時，達賴喇嘛當眾供養我一條大幅的白色哈噠，我便立即轉贈蔣揚，使他感動不已，也使全場為他掌聲雷動。

蔣揚以小小年紀，便隻身遠赴印度的達蘭沙拉，就讀辯經學院，那邊的物質條件，當然不如台灣，但他不以為苦，並且還跋涉各地，親近了藏傳佛教的許多善知識。他的聰明、勇敢、謙虛、好學、率真、友善，尤其還有一顆虔敬的信心、和堅固的願心，乃是時下一般青少年們比較缺少的。

我為蔣揚祝福，為佛教祝福，也為二十一世紀的大時代祝福。未來，只有人類的世界佛教，不該有地域宗派的佛教。我已老了，佛教後繼有人，豈不高興！

（本文作者為法鼓山創辦人）

專文推薦

社會是多元的，智慧也要多元

曾志朗教授

我不是喇嘛教的信徒，但是我敬佩達賴喇嘛；我不認識蔣揚仁欽，但是他曾是台灣的小留學生，十三歲隻身到印度去取經，這個故事令我著迷。所以當商周出版把這本書送到我手上時，我的好奇心驅走了我的瞌睡蟲，在開完一整天的教改會議後，我打起精神來看這本《自己的路，勇敢的走》。

我很喜歡這個書名，也很佩服黃春元（在台灣時，蔣揚仁欽叫黃春元）小小年紀就有勇氣去追求他的理想，人生本來就應該自己選擇自己的道路，然後勇敢往前走。黃春元在小學五年級就開始吃素，決定長大要出家，因為是出自自己的決定，所以他到了印度以後，雖然生活清苦，冬天沒有暖氣，夏天沒有冷氣，衣服要自己去河邊洗，一天吃兩餐，只有鹹綠豆湯配印度餅，想吃一點零食都不得，但是他甘之如飴，一過十多寒暑。我想，在這裡清楚點出的是，一個人走自己選擇的路時，再苦都沒關係，而且興趣會使你樂在其中，完全忘卻物質上的匱乏。

在台灣，父母常常不能放手讓孩子走他想走的路，造成許多不快樂的孩子。我曾在醫科為主的大學作過校長，有一些孩子明明不想學醫，硬是被父母逼著來念，他們的理由是「分數都夠了，為什麼不去念？」完全忽略了孩子應該走自己的路才會快樂。最近，雲林技術學院有個孩子選擇信奉回教，一大早從中壢家中搭車來台北的清真寺禮拜再趕回去上課，因為是他自己的選擇，所以他一點也不以為苦。

這本書一再強調人生就是為了快樂，凡是會使你不快樂的事都不要去做，因此欲望不能多，因為欲望是無底洞，這是為什麼台灣滿街都是賓士朋馳進口轎車，到處給人紙醉金迷的感覺，但是很多人心中都很空虛，有錢人出門怕遭小偷，鎮守家中又好像作「錢牢」，反而是蔣揚仁欽跟他的同學在山澗裡洗衣服玩水，快活的不得了。其實，我們都讀過古人說的「晚食以當肉，安步以當車，無罪以當貴，歸真返璞，終身不辱。」但是卻少有人能像蔣揚仁欽一樣，真的身體力行。如何使我們的年輕人知足寡欲，將是我們生命教育的一個目標。

我很贊同蔣揚仁欽說他反對「人不輕狂枉少年」這句話，因為輕狂是要付出代價的；我也不喜歡「青春不留白」這句話，留白才有空間，莽撞的結果往往悔不當初，因為人生常是「一失足成千古恨，再回頭已是百年身」。蔣揚仁欽的成長過程是個相當另類的成長過程，正好讓我們的學生看看，原來也有這麼不一樣的成長方式。

並非每一件事情都有標準答案，也不是每一件事情都要依照同一個方式去做，多元智慧在我們社會推不動的原因是因為台灣仍然是個一元社會的思維。所以，教改要成功，社會一定要配合，父母師長的觀念一定要改變，「萬般皆下品，惟有讀書高」的時代已經過去了。如果人生在世是為了追求快樂，那麼，絕不是建築在別人的痛苦上的偽快樂，真正的快樂極致是把自己的潛能和才能都發揮出來。要做到這一點並不困難，只要誠實的做自己，選擇自己的路，勇敢的走下去，就會達到生命的終極目的——快樂——了。

通常我們看一本書並不見得會完全贊同作者的說法，因此在這裡，我也要把我的意見寫出來供讀者參考。所謂「人的大腦用不到百分之十，其餘的百分之九十都未被開發」，這句話是非常錯誤的觀念，它完全沒有科學的根據。另外，本書最後一章所談的東西非常有爭議性，在科學上並不這麼認為，LSD是一種迷幻藥，書中所寫的前世今生我不曾在任何文獻上看到，過去，催眠後所產生的前世今生的記憶被發現是假的，語言學家發現被催眠者所說的古埃及語是胡言亂語，找不到語言的一致性。禪坐的確可以降低大腦的活動，目前在核磁共振上可以看到少許的證據，但是放入冰箱等等則有點太玄。

讀任何一本書，都是去體驗作者的心情，分享他的經驗，並以自己的智慧作取捨，這才是閱讀的快樂與迷人之處。

（本文作者為教育部長）

專文推薦

飛揚的神采

蘇光勳先生

本人曾以製作台視「聊齋之牡丹燈籠」一劇，獲得電視金鐘攝影獎。一生沉溺於戲劇的虛幻世界中，憑藉著高創意與不斷的挑戰在娛樂圈中浮沉，所以與宗教素無淵源。加上人生已過知命之年，對宗教信仰又不存倚賴之心，所以與蔣揚喇嘛實無佛緣可言。可是初見蔣揚之際，仍不免感到有點驚奇。

這個快樂的小喇嘛，有一種特別的神采。我心中在問：他何以要遠離塵世，將青春的歲月丟在印度的深山裡？看他滿懷歡喜的樣子，可以確定是出於心甘情願，加上他眼神清澈、頭腦清楚，也不是一般信徒的癡迷或者脆弱所致。我對他自然要刮目相看。

因為，我在無數的所謂修行人或者出家人——特別是一些自封為師父的——身上，看到貪瞋痴的影子。可是在蔣揚臉上，真的搜尋不到一點蛛絲馬跡，他的純淨、親和、熱誠，令我印象深刻。

慈濟大愛台的李文媛也說他看似小神童，TVBS台的蔡康永雖然對他初進印度辯經學院的學習過程（如何以生澀的藏語和同學辯論）表示好奇，但也忍不住對他內心世界有進一步探索的興趣。可見蔣揚確實有一種無邪的魅力，姑且稱之為一種飛揚的神采，以及一種誠摯的顯現吧。他跟時下的青少年太不一樣了，他算是另類青少年。

這一代的青少年是苦悶的一代、空虛的一代、迷惘的一代，他們目迷五色徬徨在人生的交叉路口無所去從。為人父母者憂心忡忡，不知從何教起，眼看子女徬徨無依、苦悶有增無減，無論是飆車、吸毒、自殺、援助交際，誤入歧途者比比皆是，而且日漸沉淪！有識之士豈能視若無睹？

因此我們突發奇想，要藉蔣揚的眾生緣來電視上現身說法，撫慰青少年茫然的心靈；我們想藉著媒體的力量，用蔣揚一塵不染的心靈，來喚醒人們心中沉睡很久的純真，幫助苦難的人，走出陰霾，迎向快樂的明天。可惜因緣尚未成熟，不能如願。

蔣揚幸好不似一般出家人自以為是、超然物外、高高在上、不去了解滾滾紅塵中致命的吸引力，及體會眾生的沉迷之樂。有一些人一生都在享受名韁利鎖的痛苦，或沉溺於愛情的折磨而無怨無悔，是為什麼？

不到風燭殘年、不到油枯燈盡，怎能大徹大悟。佛界中人若不深入眾生的功利世界，只是在山中誦經與佛祖溝通，想要渡化芸芸眾生，真是難上加難。

我對蔣揚有很大的期許，因為他一點都不假，希望他有「我不入地獄誰來入地獄」的情懷，來接觸眾生，也就不枉他有一張神采飛揚的臉龐了。

（本文作者為電視名製作人）

專文推薦

親切而感人的親子故事

陳美儒老師

他，國小五年級才十歲多一點的時候，就開始屏葷就素不吃任何肉食產品；結果班上同學替他取了一個綽號，叫他「春元和尚」，說他小小年紀就想當和尚，可是他卻始終笑嘻嘻一派好脾氣。

提到讀書考試，他經常「不小心」就穩拿全班倒數第一；不過他依然一秉樂天開朗的個性，好動、愛玩成天跟同學快樂的嬉鬧在一起。

如今，他是達賴喇嘛身旁最年輕的首席翻譯。

他，就是蔣揚仁欽喇嘛；二十一歲就擁有佛學碩士學位，目前仍在印度的「辯經學院」修研博士班。

一九九六年的夏天，法王達賴喇嘛應邀前往美國南加州洛杉磯為當地華人講經說法；這是法王第一次為世界華人所舉辦的法會，也是蔣揚仁欽初次正式榮膺翻譯的重任。

面對兩千七百多人，五千四百多隻殷殷切盼的眼眸，蔣揚仁欽以活潑生動的表情，深入淺出的語法道敘達賴喇嘛的精闢法語，更風靡了全場所有信眾。

「蔣揚！蔣揚！」這兩個字，從此成為許多人對這位年輕高僧的親切稱呼；許多人說，望見蔣揚那清澈恍如初生嬰兒的眼神時，就有如看到人間真淳的清溪淨土。

台北出生衣食富足的蔣揚，在同年齡小朋友正著迷於電動玩具、漫畫書，正為日本偶像劇場、日本紅歌星瘋狂的時候，他已經遠渡重洋來到北印度「達蘭沙拉」，當起研讀藏文經書的小小留學生。

《自己的路，勇敢的走》這本書的主角就是蔣揚仁欽喇嘛，內容主要敘述蔣揚年少學經的心路歷程，以及他在「辯經學院」的生活實況；尤其難得的是，他針對當前台灣社會彌漫的「算命與改運」、青少年對情感的迷失、成年世界物欲橫流的沉淪，都提出了十分中肯的看法；為什麼有人事業不順、感情挫敗就想自殺？自殺就能解千愁嗎？前世今生又是什麼樣的因緣呢？

不少人學佛總是愛將「發心」二字掛在嘴邊，什麼才是真正的發心？供養金多或少跟菩提心有沒有關連？辯經究竟是在探討經義，還是在吵架爭輸贏？——透過蔣揚的文字，你將可以清楚的識辨人世的真偽美醜善惡。

「在課業上，我也許沒有令人滿意的表現，但深以為傲的是，知道自己是個善良的孩子。更感謝的是我的父母，他們非常尊重我的意願和選擇，沒有因世俗眼光的影響，而強迫我在學業上多加用功，或認為孩子出家是丟了他們的臉。如果他們承受不住別人的批評壓力，也就不會有今天的蔣揚仁欽了。」這是蔣揚對自己成長經過的一段心聲感言。

從這裡，我們可以得知，父母對兒女的教育與支持，的確深深影響孩子的人生抉擇。

二十五年，近四分之一個世紀，我一直在建中紅樓這人稱才子薈萃的校園擔任第三類組國文科教師兼班級導師，確實也見過不少才華洋溢、深具個人才情的少年；可是也遇見不少次，少年的未來希望和父母期待的理想不相同的情況。

少年阿華國文、英文、數學、物理、化學科科強，最愛的正是純數學的理論追求，所以他把第一志願放在數學系；偏偏阿華的爸爸媽媽卻認為兒子成績這麼好，「不讀醫學系的話，太可惜！」於是父母雙親跟兒子為了科系的決定，就如同拔河的雙方，彼此用力、使力，親子間的爭執摩擦更因此而興起。

讀醫科，真的就比較有出息嗎？追求自己熱愛的數學天地，就可能錯失什麼人生幸福嗎？漫漫人生，追尋幸福圓滿的路途，又豈是用幾場考試、幾個分數符號就可以來評量的？

每個人，每個不同的心聲、個體，都各自擁有秉性天生，「父兄無法以移子弟」的人格特質與才情。

就像森林裡，老虎、獅子、羚羊、兔子、長頸鹿、老鷹和猿猴，各有各的本領，也各有各的優弱點；美洲豹是世界上瞬間爆發力最強、最會跑的動物；短程勁跑是牠的特長，卻無法像馬一樣的耐操、跑得久，也不可能像老鷹般的展翅天空飛翔。

希臘哲學家大師蘇格拉底說：「一切都從認識自己開始。」認識自己的本質，看清自己的原貌，也就是栽培自己、成就自己的開始。

人生的路，應不只是不斷的重複或模仿，應不只是追求虛名、跟隨別人的掌聲而邁步；人生的路，應是無限的創意，無限的寬廣，充滿個人的魅力。

在蔣揚仁欽的身上，我們閱讀到最親切而感人的親子故事；因為唯有能包容、能欣賞、能鼓勵孩子的父母，才有勇敢的走自己路的少年，才有勇敢做自己的「蔣揚」！

我全力的推薦《自己的路，勇敢的走》，因為它不止是本心靈修淨的好書，更是超越宗教、不分民族膚色的親子教育佳作；尤其可貴的是，在世局紛亂社會人心動盪的此際，它更有如暮鼓晨鐘般的發人深省。

（本文作者為建國中學教師）

母親的話

有了愛，可以改變一切

慈智法師

每個人都有一個屬於自己的思想領域，而命運也隨思想變遷不停的轉換。如《寶積經》裡說：「一切法如緣，唯所欲隨轉，何人發何願，如彼果得成。」蔣揚也不例外，而我們每個人也都如此。從《寶積經》這段偈誦及蔣揚的例子，說明命運確實可以如經上所說隨著想法的修正而變的更好。

做為蔣揚的母親，這本書有許多細節，我大都很熟悉，也曾經陪著蔣揚走過，透過每個篇章能讓我憶起蔣揚走過的路……。我很隨喜他，因為這一段路艱辛、孤獨而陌生，但他卻勇敢的走了過來。同為天下母親的一份子，我很能體會做母親的心情，也能了解子女面對花花綠綠的社會，那種難以把持的困境；許多人面對子女有種無力感，也不知該怎麼辦，但是有了愛心就大大不同了。我深深覺得蔣揚在印度達蘭沙拉所受的教育最重要的就是愛心、菩提心的學習，這才是他能勇敢面對困難和與人快樂相處的主要原因。

當初會選擇送蔣揚去印度的理由，除了他好動活潑的個性外，重要的是他能接受辯證教育的學習。辯經教育是古印度那蘭陀寺留下來的一種深入思考的邏輯方式，透過辯證可以改善思考的範疇，獲得較圓滿的知見，也因此提昇生命的價值觀，就如同文殊菩薩對陳那菩薩所說：「集量論（辯證論典）是未來眾生的眼睛」，可見辯證教育的重要。蔣揚每年有二個月在南投埔里的辯經學院指導學僧，就是期望能為在台灣建立整套哲學思想的辯證體制而盡一份力量，這大概是比較不為人知的地方了。

（本文作者為法相山文教基金會負責人）

自己的路，勇敢的走

目錄

倒數第一春元和尚

我從小就是個樂天開朗的小孩，愛吃、愛玩又好動。自認沒有特別專長，書也是讀得稀里嘩啦，常常包辦班上的第一、二名——只不過這第一、二名是從後面算起來的。我的平凡和課業表現不佳，所以老師也就不會特別在意我。但這些事我並不以為意，每遇到寒暑假，我總覺得漫長難耐，非常希望假期快點結束，可以早早回到學校和同學一起玩耍。

五年級時我開始吃素。雖然同學們常用麥克雞塊引誘我，但我已經堅決不再吃肉，所以同學們偷偷替我取了一個綽號——春元和尚。他們這樣叫我是有嘲笑的意味，笑我長大想當和尚沒出息。我沒有因此生氣過，也不曾因為別人的取笑而改變出家的意願。

在課業上，我也許沒有令人滿意的表現，但深以為傲的是：知道自己是個善良的孩子。更感謝的是父母親，他們非常尊重我的意願和選擇，沒有因世俗眼光的影響，而強迫我在學業上多加用功，或認為孩子出家是丟了他們的臉。如果他們承受不住別人的批評壓力，也就不會有今天的蔣揚仁欽了。

拿第一名是多數父母親和孩子的共同目標，大數的人認為，只要在學校書念得好，就等於得到將來賺大錢、過好日子的保證書。為了從小培育孩子的才藝，很多小朋友從很小的時候就按著父母訂下的計畫表，在各補習班、才藝班趕場，為的就是爭取那只有一個的第一名，或是填補不能輸在起跑點的焦慮。

這些父母忽略了孩子的興趣和專長，也不在意孩子人格上的教養，只要書唸得好，其餘的事完全不重要。考場上的孩子，就像是一匹匹在起跑點等待的賽馬，槍聲一響就全力衝刺。休息時，父母親則是「孝子」地遞上茶水點心、搧風按摩，等待下一場的比賽。

我知道有些書讀得很好、從小成績很好的人，對於挫折的忍受度卻很低。在西藏，曾聽說有一位藏族女孩，從小考試就拿第一名，在她十二年級時（約高中畢業時）參加一次國際性比賽得了第二名，為了這個從來沒得過的第二名，她竟然以自殺的方式來抗議這一生唯一一次的第二名。在她十多年的生命中，第一名帶給她的並不是榮耀，而是一種驕傲、傲慢和思想的箝制，對她並沒有積極的啓發。這種態度與學習方式難道是現在的家長對孩子的期許嗎？如果不是，為什麼不敢用正確的價值觀教育下一代呢？

一個人的成功與否，和課業成績的好壞並沒有絕對的關係，就好像美國許多的職業運動員、藝術家，他們的學業成績也許並沒有令人驚喜的表現，但因為特殊專長的培養，使他們的人生有了不同一般人的風貌。

記得商周出版的何社長曾和我說過一個故事，故事是說：有位日本首相的兒子想要當廚師，身為首相的父親，並沒有因為自己的地位而干涉或反對孩子看似平凡的志願，反而全力支持孩子想當廚師的心願。

這世界是各行各業支撐起來的，每個人都有個人專屬的專長，只是有些專長若以世俗的眼光衡量，並不具備賺大錢的條件而已。就拿我來說，如果父母親一心只希望孩子能賺很多錢過好日子，出家絕對達不到這個標準，但他們並不以這個標準來決定我的未來，他們考慮我的意願，然後協助我妥善規畫和全力支持。

今天我能有這一點點的小成就，最要感謝的就是父母親，因為他們並不像大部份只知在課業上要求孩子的父母，而是開明地讓我決定自己的未來。讓孩子們去做他們喜歡的事，他們就能全心投入、全力以赴，以這樣的心神，不管在任何領域，一定會發展的有聲有色。

孩子的善良與否，比是不是名列前茅更重要。你會發現：當大家受教育的機會比從前更多、大學的窄門也愈來愈寬時，這社會並沒有因此更詳和，反而愈來愈暴戾、殘忍，一些社會案件也愈來愈駭人聽聞，犯案的年齡層愈來愈小，手段愈來愈兇殘，有些人甚至是高級知識份子！高等知識教育，似乎不是社會風氣向上提升的保證。

善良和愛心才是孩子最重要的財富，尤其是當一個人處於困境仍能樂觀面對未來；即使自己所得的薪水不如別人，也不會因嫉妒而發怒；看到別人的成功能誠心讚美；不論遇到順境逆境都能保持一貫的平靜態度，在這個紛亂多爭的世界，這才是給孩子最重要的教導，與生活快樂的保證書。

每當我看到這個愈來愈不安的社會，我就愈發認為：有愛心的孩子是上天賜與的珍寶，而孩子的善良需要父母的讚美與鼓勵，千萬不要責備孩子「只知做一些不能拿分數、賺大錢的事」。如果青少年滿腦袋只想考高分、將來賺大錢，他的童年一定是很悲慘壓抑，相信這個家也不會是溫馨的。

每一位孩子的志願，做父母的都應該尊重，在否定孩子的想法時，先想想自己這麼做是真的為他好？還是為了自己的面子？只要父母多一些些的尊重與寬容，就可以為這個社會上的各行各業多培養一些出類拔萃的人才；社會會因為他們的出現與成就，而更加多彩多姿。

親親愛的教育

大概是在我國小一年級，有一次上課時肚子很痛，想上廁所，但上課的老師不答應，而我又忍不住，最後只好把肚子裡的炸彈放到褲子上。結果臭氣慢慢散開來，同學們受不了而向老師告狀，老師尋著味道找到我座位的附近，然後問到底是誰？我抵死不承認還誣賴是坐在前面的女同學。這位女同學被老師詢問之後，居然大哭吵著要打電話給媽媽、要回家，老師只好一個個地檢查，這才發現放炸彈的人是我！

媽媽接到老師的電話，急忙趕到學校。為我清洗並換上乾淨褲子之後，媽媽沒有指責我，只是溫和地問我要不要和她一起回家？她是擔心我可能會不好意思再待在教室，或是被同學嘲笑。

我倔強地拒絕了。媽媽的溫柔卻讓我感到慚愧——我不應該害怕責難而誣陷同學！媽媽的溫煦和體貼支撐著我，讓我有勇氣再待在教室，面對可能有的處罰與同學的嘲笑。這股勇氣，我相信一輩子都不會消失。

還有一件事，也可以說明父母親對我的尊重和關懷，因為他們的身教，也讓我知道尊重和關懷別人的重要。

小時候，我很愛吃零食，只要一有零用錢，我就會拿這些錢去買糖果吃。偶爾嘴饞又沒錢時，我就會找找地板或沙發，看有沒有零錢可以撿，有時真的會有意外的收穫。有一次我嘴饞、口袋是空空如也，所以試著想在沙發下的夾縫裡找零錢，因為找不到手電筒，就順手拿了打火機，在沙發底下摸東摸西，結果不慎引燃沙發，不但把昂貴的沙發燒壞，還差點釀成火災。

事情發生之後，出乎意料的是，父母親並沒有嚴厲的責罵我，只是告誡我水火無情，要小心火燭。後來經他們的解釋，我才懂得他們為什麼不打我。因為他們覺得我的動機很單純，只是想找些零錢買糖吃，並不是為了什麼大奸大惡行徑，更不是偷錢；只是年紀太小，不懂得判斷危險。

他們對待我的方式，總是讓我感動又溫暖。在看多了家庭暴力的社會事件，我真的很慶幸，有如此好父母。

但，他們也不是沒有原則的溺愛我，有一次我就被罵得很慘。

有一次，我考試成績不理想，不敢拿給爸媽看，但是又要家長簽名。於是我想了一個自以為是的「好方法」：偷改分數。當時還天真的以為可以騙過媽媽。沒想到一下就被媽媽看出我偷改的痕跡。那天媽媽非常生氣，很嚴厲的告訴我這是欺騙行為。長到這麼大，我很少見到媽媽如此疾言厲色。

回想父母親的家教，他們的教導總是非常善巧。他們會檢視我的動機，如果我做這件事的動機是出於惡念，他們一定會不假辭色指正我；如果只是單純的念頭所犯的無心之過，他們就不會過份苛責，而好言相勸。更讓我窩心的是：他們從不會因為我不小心弄壞他們心愛的物品，而打我、罵我。

父母親在沒有學佛以前，有一個最喜歡的嗜好：釣魚，幾乎每逢假日一定會到海邊釣魚，當然那時候他們沒有將魚放生，而是帶回家煮來吃。但在學佛之後，他們了解到動物也會痛苦，為了不讓自己的快樂建築在其他眾生的痛苦上，他們放棄了最喜歡的活動。

後來媽媽告訴我一段話：所有的眾生都曾在過去的生生世世中，做過我們的媽媽。這段話特別觸動我的心，因為我想起媽媽的溫暖與關懷，而這些動物都曾經像她一樣照顧過我，我怎麼能再傷害它們呢？

我想很多小孩都曾被問過這個問題：比較喜歡爸爸或媽媽？媽媽就曾問過我。當時年幼無知，我毫不考慮的回答：比較喜歡爸爸，因為媽媽常常很忙都不在身邊。那時的我並沒有想到，媽媽的忙碌也是為了我們，只是單純想到爸爸是常陪在我身邊的人。

長大後我終於懂得：父母親的忙碌都是為了孩子的生活，現在，我對父母的愛和感激是沒有任何差別的。從個人的經驗得知，父母給予子女物質上的滿足固然重要，但子女真正需要的是和父母相處在一起；在孩童時代最常接觸的人，也將是影響他最深的。而且所謂的相處，是指在開心而且和諧的氣氛下互動，如果在家裡聽到的都是互相叫罵和抱怨，我想，沒有一個孩子會選擇待在家裡。

父母親的身教，對我的影響很大，他們很尊重我，從不認為我是他們生的，就必須完全屬於他們，是他們的財產，應該照他們的規畫來決定我的未來。

國小五年級時，我告訴父母親我想出家。如果這是發生在一般家庭裡，想必會掀起家庭革命，或是大部份的父母在聽到還在讀小學的孩子想要出家時，也會想盡辦法全力阻止。他們可能會想：這麼小的孩子，還沒有成熟到可以決定自己的人生，甚至會認為出家是一個沒出息的志願。許多父母可能會說：你應該好好念書，將來出國拿博士，賺大錢，光宗耀祖揚名天下。

這種心態的父母，很多是視孩子為自己的財產而不自知，對孩子所提出的要求不過是為了滿足自己的虛榮心，讓自己在親友面前覺得臉上有光而已，完全忽略孩子的專長和興趣。

我的父母親在知道我要出家後，非但沒有責罵我，反而十分贊同，十年來一本初衷地盡一切可能來幫助我。當時親戚們知道我要出家時，對父母親有所責難，讓他們承受了不少的壓力，但他們並沒有因為壓力或覺得丟臉而要求我改變決定。如果我有一點小小的成就值得大家稱許，首先要歸功於父母親的恩惠、支持與教導。

我出家了！

在還是毛頭小子的十歲出頭，我興起了出家的念頭，國小畢業沒多久，就在父親的帶領下到尼泊爾剃度，再過一個月，便到了印度達蘭沙拉的辯經學院就讀至今。這一切和宿世因緣有關。怎麼說呢？

小時候我總認為出家人很神聖，出家人都有神通，可以一眼看穿你的過去、現在和未來，甚至知道我暗地裡的調皮搗蛋、做錯事。因此，對於出家人我總是心生敬畏，常常是敬而遠之的。然而當我決定出家之後，媽媽慎重地告訴我：為了不讓我在出家的過程中受到阻礙，希望我每天能禮佛一百零八拜。說也奇怪，從小很少專心做一件事超過五分鐘的我，竟然每天乖乖照做。這不是因緣前定嗎？

在我們整個家族能繼承家業的就屬哥哥和我，結果父母親讓我出了家，當然免不了親戚們的關切。他們更覺得：要留學可以選擇美國、加拿大或日本，為什麼要去印度？這個地方連旅遊度假都不列入考慮，遑論送小孩去唸書長住。

哥哥也曾告訴我：他的同學到家裡來玩，看到我出家的照片，他的同學很疑惑地問：「你的家境不錯，又不是窮到沒飯吃，況且你弟弟長的又不醜，為什麼要出家？」這好像就是大家對出家的刻板印象：跑去出家一定是受了刺激、日子過不下去，再不就是其貌不揚。

國小畢業後，父親帶我到尼泊爾尋找出家的管道，在尼泊爾剃度後也沒有不適應的情況，只是周遭親友的反彈，好似自己做了什麼見不得人的事，對不起父母。

一般人認為出家的生活不外是法會、誦經、拜懺，而且大家也認為出家生活必定是枯躁乏味、人生是黑白的。

十幾年來，我卻樂在其中。

如果說彩色的生活，就是人和人之間的勾心鬥角、互相妒嫉比較，那我寧願選擇現在的黑白生活（我在印度的經歷絕非黑白，它的多彩多姿，就請聽我慢慢道來）。當然當初年紀小不懂出家的意義，只是單純地想出家。經過十多年的體驗，我的心得是：如果出了家只是做法會、超渡、趕經懺，未曾想過如何出離輪迴，那真是佛教圈內的一種敗壞現象。

如果細細思維人生意義何在，它會是錢？還是名？如果認同有今世有前生，那從「無始以來」我們就為了追求永恆的安樂而忙碌至今。可是現今我們努力的成績是如何呢？得到永恆的快樂了嗎？沒有絲毫痛苦存在了嗎？

如果答案都是否定的，我們願意錯到底？放棄、不再追求快樂？還是警覺到追求快樂的方法錯了？

對我來說，出家不但不是消極，反倒是更積極地為了能夠得到生生世世的安樂，而暫時放下今生世俗的花花綠綠生活，也就是犧牲短暫的逸樂換取永恆的真實安樂。如果「出家」能夠去除長久以來（不知多少世的生死輪迴）的痛苦，那「出家」實為一種超人的遠見了！

我很慶幸自己從很小就接受心靈提升的訓練，從小就學習如何認清煩惱和如何對治煩惱，如果人生的目標就是快樂，那我在很小的時候就體會到真正的快樂。對大部份的青少年被訓練成考試的機器時，我已經能平靜地面對生活中的挫折；當同年紀的人還在為前途、工作、家庭傷腦筋時，我已經認清生活中的不如意全是來自前世的業果。生活上可能沒有別人眼中所謂的繽紛燦爛，但心情上卻平靜踏實。

現在年輕人的生活花樣確實不少，但多彩多姿並不表示內心是真正踏實和快樂。我的出家生活可能很單純，甚至還需要做豆腐、賣豆腐來貼補學校的開銷，但這是同齡的人所沒有的生活體驗；內心世界的探索與豐盈，也可能是同齡的人無法體會的。

從我決定出家開始，我的內心不曾有過掙扎；這些年下來，也很慶幸沒有辜負父母的全力支持。在課業上、生活上有了一些小小的成就，漸漸地身邊的人也贊同父母的決定，認為他們有遠見。真感謝自己沒有做出任何讓父母親覺得丟臉的事，至少他們不用再為我承擔壓力了。

在小小的年紀出家、學習獨立生活，很多事是不稱心的；在印度也發生一些不愉快的事讓我想回家，但我從不曾後悔出家。我非常安於寺院中的規律生活，更享受悠遊於山間野趣的大自然之中。在學習的過程中我慢慢習慣挫折，也更懂得如何去處理情緒的低潮。

這些年來，最低潮的時刻應該是恩師洛桑校長遇害的那一年，那一年也是悲傷和悔恨交織的一年。恩師的遇害讓我更珍惜身邊的一切，也更懂得感恩。

回想在印度求學的日子，盤旋在腦海中的幾乎全是快樂的記憶。你若問我這些年快樂嗎？我會毫不豫疑回答你：很美滿。

如果你願意耐心看完這本書，相信你會更了解我擁有的平安喜樂。

從尼泊爾到印度

在國小五年級開學沒多久，家中接待一位來自尼泊爾的僧侶，詳細的因緣我已經記不清楚，只知道當時他是來參加國慶典禮，我就是在那個時候向父母親表達要出家的意願。他們聽了我的話之後，就請教那位喇嘛在尼泊爾及印度地區出家僧眾的生活情況。

當時有位台灣師父（日常法師）正在達蘭沙拉學習藏文。但洛桑校長覺得日常法師年紀大了，要重新學習全新的語言是很吃力的，因此建議他，如果有年輕的孩子來學習藏文可能會更合適。日常法師和父親相當熟識，加上家中接待的藏系師父，冥冥之中好像為我的未來留下伏筆，這也成了我到印度求學的緣起。

當父親要帶著國小剛畢業的我和阿旺札西（另外一位台灣小孩，阿旺札西是他剃度後的法名）前往尼泊爾學習藏文，以及找尋出家管道時，媽媽千叮嚀萬交代地告訴父親：「如果當地的情況真的不適合這二個孩子，千萬不要貿然將孩子留下，還是將他們帶回來，千萬不要勉強。」

外婆為了我要去尼泊爾求學的事，背地裡不知哭了多少次，然而為了不要讓我擔心，在我面前總是笑咪咪的，裝作沒事一般。記得離開台灣的那天，外婆站在七樓陽台不斷地向我揮手，外婆當時的身影至今仍教我難以忘懷。

到了機場，媽媽開始不停的拭淚，但說來慚愧，當時我卻一點也體會不出她的心情，因為這是我第一次坐飛機，所有的情緒都被坐飛機的期待與新奇佔滿，完全沒有注意疼愛我的家人正因為要與我分開而感到難過。

我們是在香港轉機，在機場裡我注意到一群全身用一塊布圍起來當衣服的婦女，我目不轉睛地盯著她們看，好奇不已，後來問了父親，才知道那是印度的傳統服飾——沙麗。在等候轉機的五、六個小時裡，還巧遇一群也要前往尼泊爾旅遊的香港年輕人，他們很好心的給了我幾片口香糖說：如果飛機降落時覺得不舒服，可以試著嚼口香糖，會好過一些。空中小姐也覺得我很可愛，對我特別親切；我還記得：中午是吃了一盤好吃的炒飯。

那天發生的芝麻小事我似乎都記得一清二楚，絲毫沒有離愁和恐懼，反而對於自己將要展開的新人生充滿好奇與期待。

到達尼泊爾的當天正好是我的生日，當地負責接待我們的人還特地為我舉行了小小的生日派對。尼泊爾的衛生習慣很差，父親和阿旺札西被蚊蟲叮得滿頭包，我也因為水土不服而身體不適。於是有人建議我，如果生飲水龍頭裡的自來水，水土不服的情況會很快改善。我接受了他的建議，喝了當地的生水，結果瀉了好幾天的肚子，但水土不服的情況也就不藥而癒了。

尼泊爾是個宗教氣氛濃厚的國家，在尼泊爾的這一個月，我們到很多著名的聖地朝聖。尼泊爾有一座著名的大塔，據說：當你看到它的第一眼，誠心許下願望，將來這個願望必定會實現。當時我沒有許下什麼願望，所以也不知道這個傳說準不準。

我很喜歡繞佛塔，有時我和阿旺札西會買些米，到佛塔前餵烏鴉，看到烏鴉前來啄食我們丟出去的穀米時，我會非常高興，那種別人因為我而得到快樂的感覺，會讓我很充實、也很滿足。

父親則是忙著了解當地藏傳佛教寺院的狀況。後來我們遇到一位台灣同胞，他給了我們很多有關薩迦學院的資訊。在台灣時，父母親曾請一位仁波切為我卜卦，想知道我和藏傳佛教是否有很深的因緣。卜卦的結果是在薩迦派（花教）學習不錯，在格魯派（黃教）亦殊勝。於是我就在薩迦的寺院剃度，換上僧服，只是還沒有受戒。

後來，父親打聽到位於北印度達蘭沙拉的辯經學院，加上之前日常法師也為我們寫了一封介紹信給洛桑校長，種種因緣，於是父親決定帶我們去辯經學院就讀。

在尼泊爾待了一個月之後，我們搭巴士越過國境從尼泊爾前往北印度；這一段路途十分遙遠，車程大概是三天三夜。在路途中，司機絕對不會因為乘客的要求而停車——除非是吃飯時間或是他自己有需要。記得是第二天中午，我非常想上廁所，但司機卻不停車，我肚子裡的尿整整憋了十二個小時！

司機是錫克教徒，所以晚上我們都在錫克教的廟宇裡過夜，我也入境隨俗，把法衣包在頭上，把自己扮成錫克教徒的模樣。錫克教的寺廟免費供應餐點，我們大夥排排坐，等候廟方分送盤子，上面有幾張顏色看起來不怎麼可口的印度餅及綠豆湯，一口喝下時才發現：綠豆湯居然是鹹的！從來沒吃過鹹綠豆湯，當時的滋味至今印象猶存。

媽媽常說，想要我安安靜靜地坐在椅子上幾分鐘，幾乎是會要了我的命，但是在這漫長的三天三夜車程裡，我異常的安靜，連父親都不可置信地連連問我是不是不舒服。我既沒吵鬧、也沒抱怨，幾乎是不發一語地安安靜靜坐著車；冥冥之中，我好像就是在等待這一天的到來。

第二個故鄉——達蘭沙拉

經過三天「車不停輪」的顛簸，達蘭沙拉漸漸浮現在我們的眼前、愈來愈清晰。下了車，全身幾乎震散的筋骨，在猶如衝出鳥籠般一陣舒展之後，手腳終於可以聽大腦的使喚了。

位於北印度的山城達蘭沙拉，自一九五九年西藏精神領袖達賴喇嘛流亡印度在此定居之後，達蘭沙拉就成了流亡海外藏人的精神堡壘。這片位於喜瑪拉雅山山腳的山坡地，原本是一片荒蕪，在達賴喇嘛的帶領下，建立了流亡政府，擁有健全的行政組織，也成為海外延續西藏宗教及文化命脈最重要的地方。

這小小的山城，有來自世界各地的觀光客，也有佛教徒專程前來朝聖或聽達賴喇嘛講經說法；不久前，流亡政府剛由民主選舉制度投票選出首任民選的部長。讓人敬佩的是：藏人處於流亡狀態，甚至沒有屬於自己的國土，但在法王的領導下，一切井然有序；即使是難民身分，達賴喇嘛不卑不亢的態度，更獲得國際社會普遍的認同和支持。

我們一行三人抵達辯經學院大概是在中午時分，我好奇的向四周張望。不遠處，看到一位年長的師父，身材不高、微胖，拿著草靜靜地餵牛。我當時有一股衝動，很想向他說「札西得樂」（藏文的問候語，吉祥如意的意思），但因害羞而作罷。

隨後我們走進學校，向校方人員表明來意，接著便帶我們進入辦公室等候洛桑校長。門一打開，洛桑校長走了進來，原來校長就是剛剛在餵牛的長者！我心裡頓時懊惱不已，心想：如果剛剛能鼓起勇氣向他問好，那真是非常好的緣起。因為這個緣故，每次見到洛桑校長總是格外的親切。

父親在辦公室和洛桑校長談了很久，我並沒有認真留意他們的交談內容。之後校長為我和阿旺札西安排住宿房間，有人送來一套鐵製的餐具，裡面有鐵盤、鐵碗、還有一個鋼杯。校方還特別找來一位會講中文的同學告訴我們，這些餐具到畢業時要收回。當時年紀小沒有把話放在心上，那套餐具至今早已不見蹤影，真是慚愧。

我們稍做安頓後，接待人員帶我們去餐廳用餐，我記得非常清楚，我們那天點了豆腐和青菜。離開台灣一個月了，一路上吃的都是一些不合胃口的咖哩加印度餅，我永遠記得第一口吃到豆腐的滋味，那香氣喚起許多台灣的回憶。至今十多年了，回想起那一口豆腐，溫暖的感覺至今仍然回味無窮。

幾天後，校長安排我們晉見達賴喇嘛，那是我第一次見到達賴喇嘛。法王和父親交談著，而我的注意力完全被皇宮裡的佛像和唐卡吸引住，這些佛像和漢系的完全不同，大部份都是銅鑄的鎏金，色彩鮮明，有的低頭微笑，有的則是金剛怒目。法王仔細端詳著我，然後告訴父親：請他放心，他會好好照顧我們的。

幾天後，洛桑校長把我和阿旺札西分開，因為小孩子的學習能力強，如果我和阿旺札西天天在一起，每天說國語，藏文根本學不好。為了讓我們快點學會藏文，特別安排我和一位會講一點中文的藏族同學住一起，有了這樣的環境，我們學習藏文的速度會快一點。

搬到新房間的第一晚，我很早就睡了。夜中醒來時，看到父親正小心翼翼的用手把我身上的臭蟲一個個捉到玻璃瓶中，睡眼惺忪中我看到瓶子裡約有七八隻蟲；父親的心疼都寫在他的臉上。

將我獨自留在生活條件如此惡劣的地方求學，是父母親為了尊重我的意願忍痛作下的決定，現在看到父親的不忍、難過，我心痛得無以復加，我是不是太任性只想到自己，而讓父母親承受了不該面對的哀傷？

父親看我醒來，對著我說：再過一個星期他就要離開印度回台灣了。突然間，心裡的害怕像黑夜一樣籠罩著我，原本對新環境的好奇，隨著父親離開的時間逼近而愈來愈不安。離開台灣將近二個月，而且一開始我就知道自己要留在印度求學，但因為好玩的個性使然，我的心完全被探索新世界的好奇所填滿，絲毫不覺母親、外婆、哥哥的難過。而今，父親要回台灣了，沒有親人在身旁的孤獨和無助，讓我幾乎喘不過氣來。

父親要離開的那天傍晚，我站在車門邊告訴自己：雖然我才十三歲，但是個男子漢，男子漢不能哭，要開開心心地送父親上車。我強忍著眼淚站在車邊，就在父親最後一件行李放上車時，我的情緒完全崩潰，我頭不回地一路哭著跑回房間，連再見都沒有說。那晚，我哭著睡著了。

不知道父親當天看著我狂奔跑走時，是怎麼上車的？我從來都不敢問，我怕我會在父親面前嚎啕大哭不止。

之後的許多天，我總是想到父母親、外婆、哥哥就大哭無法停止。父親沒有留下任何照片，只留下一本這二個月來寫的日記，內容都是給我的叮嚀及注意事項，希望我能在印度好好學習佛法，將來能利益漢人。

當初父母親同意送我到印度留學時，親友們的反對並沒有讓他們改變初衷，力排眾議送我到印度，同時盡一切可能幫助我完成心願。這使我想起小時候曾對母親說過的話：「媽媽，妳要好好護持我，將來讓我回來做妳的上師。」母親是做到了，希望我也能夠實踐我的諾言。

從小到大我沒有經過什麼叛逆期，因為，我一心只想報答父母親和師長對我的恩惠，這一生，我時時刻刻都會抱著這樣的心情走下去。

父親的日記

我有千百個不願意父親留下我獨自回台灣的吶喊，最後仍然必須接受目送父親離開、獨自面對新生活的事實。轉眼間十多年過去了，當日站在車邊強忍淚水的心情，至今仍如昨日般清晰，隨著年歲的增長，更能體會父親當時要將愛子留在各種條件均不甚理想的第三世界心中那種不捨和擔心。

在達蘭沙拉，除了阿旺札西之外，我真可說是舉目無親，雖有結交新的朋友，但新朋友帶來的喜悅卻無法澆息心中濃濃的思鄉之情，我的手邊沒有家人的照片，只有一本父親留下的日記。回憶常在黑夜來臨時化成思念的淚水，把我淹沒；心中彷彿有個深淵，是任何喜樂都填補不滿的哀戚。

每當我思念父親、母親或哥哥時，就會翻閱父親留給我的日記，這本日記成了化解鄉愁的精神食糧和鼓勵我向上的力量。父親的日記中灑滿了愛子之情與對我的期望，他不斷祈請三寶加持我在達蘭沙拉的求學生涯能夠順利。透過文字，千里之遙的愛，似乎乘著清風飛到了達蘭沙拉，在我的耳畔溫聲細語。

當時思念雙親的心情中，更交織著無限的感恩，卻因為無法和他們朝夕相處而感到悲傷和痛苦。這也更讓我珍惜每一個和人相處的當下，因為每一個當下在轉眼間就會成為過去，生命中相遇的人，最後也僅剩下回憶而已。我們每一個人終將獨自面對一切。

最清楚不過的就是到了生命盡頭，只能一個人面對死亡，除了自己所造作的業之外，沒有任何一個人或一件事會在死後仍與我們長相左右。今天和你談天說笑的朋友和家人，可能明天就在千里之外，甚至幽冥兩隔。我們無法和最愛、最親的人永遠在一起，生命中所遇到的每一個人，都只能是人生中陪我們走一段路的人。離開父母親愈久愈遠，這樣的認知就愈強烈。

提到父親，絕少人用溫柔來形容，但我的父親卻是一個不折不扣的溫柔大男人，多年來為了廣論研修班南北來回奔波，父親的胃不好，又上了年紀，這樣繁重的教學工作對父親的體力的確造成不小的負擔。但多年來從未聽他喊過累、叫過煩，看在身為兒子的我，內心卻是心酸、心疼的。菩提心和利他的佛理，我在父親身上得到印證：父親所做的每一件事，都是先想到他人能不能得到利益，而不是自己在名聞利養上能得到多少好處。

二〇〇一年的八月，父親也出家了。之前父親和我相談甚久，令我非常動容的是父親出家的動機並不是以自己為出發點，也不是考慮出家了對自己的修行有多大的幫助；他最先考慮的是：如果他出家了，對他的學生、對法相山有比較多的幫助。基於這個理由，父親決定出家。我望著和我最親密的父親，內心是無比的崇敬，父親在我心裡是像陽光照耀著的水一樣柔軟溫暖；也如和煦的冬陽一樣，讓人打從心裡感覺暖烘烘的。

父親從不因為是父親的身分，而不願開口向我這個從小出家的兒子請教佛法，當他遇到佛學上的問題時總是不恥下問。有時候遇到我想睡覺回答問題就會心不在焉、或是顧左右而言他時，這時父親會很善巧的離開，等到適當的時機再拿著書與我討論。這一點一滴都讓我感覺父親的體貼和可愛。

我唯一自豪的善良個性，是來自父母親的教導。從小，父母親就用愛來教育我，不只要我愛人，也教我愛萬物眾生。我常隨喜自己的前世，一定是累積無數的善業，這一生才會有這樣好的福報，能遇到這樣好的父母和師長，讓我從小在愛的環境下長大。在這種氛圍，我自然而然懂得去愛別人、去關心別人，時時刻刻想著如何去利益他人。

這一點在現在社會或許是很重要。現在的社會，幾乎每個人都認為自己是最重要的，對別人的感受毫不在意，人與人之間的相處缺乏愛的潤滑劑，常常因為一點小事而起爭執摩擦。大家都在這樣的氣氛中相互影響，整個社會和國家的風氣就愈來愈暴力，人的價值觀也因此愈來愈扭曲。

回想起父親那本充滿愛的日記，對於當時年幼又身處異鄉的我，是排解鄉愁的最好慰藉。透過文字的咀嚼也更讓我了解到父親對我的愛，讓我時時刻刻提醒自己，不要磋砣光陰和父母親的期望。

下面是節錄父親在一九八九年八月二十日所寫的日記。相信你看了之後，會明白我所承接的愛有多豐厚！

＊＊＊

尼泊爾的簽證即將到期，但春元的入學手續仍未辦妥，因此決定我先搭飛機到新德里，春元隨後才來。想想春元才十三歲，天眞無邪卻自己以爲他很有善根而帶他來到尼泊爾受苦，雖然住在寺院裡，但食物條件仍很差，米飯幾乎每一口都會咬到小石頭。爲了減少春元學佛的障礙，並增長他的福德資糧，一個月下來也做了不少法會和供養，身上所帶的五十萬也剩下不多了，心中有些著急。

清晨，春元和委託照顧他的喇嘛送我到加德滿都的機場。搭的是尼泊爾皇家航空公司的中型飛機。飛機才剛起飛，望下看，但見到兩道上下區隔分明的彩虹跨越非常大的平原，甚是壯觀。或許是內心的期待，直覺上這或許是非常好的兆頭。

說眞的，從決定將春元送到印度的兩三個月來，對他要走的這一條——從沒有漢人走過的——道路，我雖然對佛法有信心，但內心的不安仍是存在著。此時見到彩虹，給我一股穩定的力量，我覺得這是佛菩薩的慈悲示現，未來的路會是平坦、光彩亮麗的。

飛機在雲端上空飛了一陣子，突然眼前映入一座冰山，不對，與其說是冰山，不如說是晶瑩剔透的巨大琉璃山，看來像是一塊塊巨大的琉璃疊上去一般，形狀雖不是整整齊齊，但樣子像是略帶陡斜的金字塔，非常壯觀。由於從沒有見過這種景色，整個內心就像窒息一樣的被震懾住，隨即第二座冰山又映入眼簾……。這樣，前前後後共有五座，冰山聳立在雲層之上，而飛機在五座冰山之間蜿蜒飛翔，這種情景宛如仙境，美麗、寧靜、祥和，剎那間，時空似乎都停止了，猶如一幅美麗的畫面，扣人心弦、渾然忘我。

到了新德里機場，由於錢剩下的不多，能省則省，就坐了往舊德里的巴士，希望到舊德里之後再叫計程車尋找約定的旅館。沒想到巴士司機爲了賺一對日本旅客的旅館佣金，竟然不顧車上的其他乘客，而將巴士開往他們要去的旅館。我想這也是一件非常不可思議又諷刺的事！

更妙的事，我要找的旅館竟然就在附近，走路咫尺即到，替我省下金錢和時間，眞是幸運啊！

晚上，我問了人，他們說在這航線上從來沒見過冰山，更何況是八月的夏天。

是自己的業障減輕了才能見到彩虹、冰山這樣的瑞相？還是春元的願力和佛菩薩的慈悲鼓勵，示現送春元來印度學習是正確的？我想，應該是後者吧。

印度小留學生

當同齡的孩子正著迷於電動玩具、為日本偶像瘋狂時，我已經在印度開始小留學的生涯。印度是個衛生條件差、生活物資非常貧乏的地方；的確，這裡既沒有洗衣機，酷熱的漫長夏季也沒有冷氣可吹，但我卻在這個落後國家，體會到真正的快樂。

記得初入校時，全校與我年紀相近的孩子只有四位，除了我和阿旺札西之外，另外還有一位九歲不丹小朋友和一位轉世的仁波切；我們四人因年紀相仿而玩在一起。我們總是在校園內追逐嬉戲，校內的建築物常因為我們奔跑而產生噪音——甚至有些搖晃，因此有些「大」學生氣急敗壞的向校長告狀：「這幾個小孩子真是無法無天，明明就是安靜的佛學院，有了他們幾個，學校簡直就像人聲鼎沸的電影院。校長，你一定要好好教訓他們，這樣下去怎麼得了！」

洛桑校長並沒有因為這些抱怨而對我們有所限制，他認為：小孩子是學習力和模仿力最強的時候，透過玩樂可以提供有利我和阿旺札西學習藏文的環境。但洛桑校長也不是全然地放任我們，有時候，校長在校園裡看到我，會把我叫到辦公室，隨手翻一篇文章要我唸給他聽，測試一下我的藏文進步多少。就在這樣邊玩邊學的情況下，我的藏文進步很快。

除了疼愛我們的洛桑校長外，法王達賴喇嘛對我們也非常關心，每個月我和阿旺札西都會收到法王辦公室送來的巧克力和蛋糕；在藏人的觀念中，法王送的禮都是加持物，而且是最大的殊榮。所以只要一收到法王送給我們的巧克力或蛋糕，我就會立刻分送給洛桑校長、現任的壇卻校長還有其他同學們。有一次，洛桑校長開玩笑的對我說：「你真的很好命，我們為法王服務多年都還不曾收過任何禮物，你們現在只是學藏文而已，就收到法王的禮物，真的是很有福氣。」

但對於歧視漢族的藏人同學來說，他們不相信我會被達賴喇嘛如此地關照著……。有一次我收到法王給的水果後，就好心想發給同學們吃，此時一位同學認為這是我個人編出的「一套戲」，於是問道：「你什麼時候會再收到法王的禮物？」我就直率的答道：「每個月」。他說：「今天是十一月二十七日，如果十二月份的同一天看不到這些禮物的話，你就等著瞧。」

在這個藏人對漢人仍存有強烈誤解——當時，街上還常常可以看到反對中國人的遊行隊伍——甚至是少數的同學對我十分排斥、常常將不友善的態度（例如：突然伸出腳來讓我跌倒、警告其他同學不可以和我交往、捏造事實誣賴我）用很明顯行為表達出來，法王和校長的關愛不但鼓勵我、保護我，也溫暖了一個異鄉學子的心。對一個只有十三歲的孩子而言，藏族與漢族的衝突歷史，的確造成一些傷害和壓力，現在回想：如果當時沒有法王和洛桑校長的特別關照，我還會在印度嗎？不過這樣自問自答很無聊，因為我就是在印度了，哈！哈！

更令人高興的是：漢藏之間的敵意，在達賴喇嘛訪台之後，漸漸消除。今日，只要說是從台灣來的，他們還會親切的微笑招呼，比起以往有天壤之別。

小時候的我不但愛玩，還很愛吃，所以肚子是奇大無比，而且嘴巴一刻也停不來，好像每天都吃不飽似的。我除了學校發給我的小鋼杯外，還有一個是爸爸留給我煮開水用的大鋼杯，這個鋼杯大概有半個茶壺大。小鋼杯是學校發給我們喝茶用的，我卻拿大鋼杯來喝茶，每次拿鋼杯出來同學就會笑我說：「蔣揚，你的鋼杯和游泳池差不多大，我看你乾脆拿鋼杯來游泳好了。」

有一次，肚子咕嚕嚕的叫，要我祭祭五臟廟；當時很想吃碗泡麵，這才發現自己窮得連五毛錢都沒有，更別說買包泡麵。想想在台灣時，身上沒錢就開口和爸媽要，只要肚子餓，到處都可以買到東西吃，在這裡，連吃碗泡麵都是奢求，這不禁讓我懷念起在台灣的日子。

因為能吃的東西實在少之又少，使得我必須接受原先不敢吃的食物。我的室友常會到小鎮上買苦瓜，當他在煮苦瓜時，香味四溢令人垂涎三尺，只不過苦瓜吃到嘴裡的感覺，似乎和嗅覺產生的幻想有些出入，苦澀的口感總是讓我難以下嚥。但在餐餐都是鹹綠豆湯加飯之下，身上又沒有錢，我只能多嘗試一些新口味。現在的我除了肉類不吃，幾乎沒有不接受的食物，什麼都能吃了。當然苦瓜也逃不出我的手掌心。

為了報答室友的照顧，我開始學下廚。剛開始面對完全未處理的青菜，真是只能望著它乾瞪眼，但我的室友很有耐心的從挑菜、洗菜、切菜開始教起，就這樣我慢慢學會做菜。除了學下廚，我還會用手洗衣服。

每星期，學校會安排一天到河邊洗衣服，那也是我們最期待、最開心的日子——因為除了洗衣服，當然少不了和同學們在溪邊嬉戲、玩水。這裡的洗衣方式很原始：除了用手搓洗衣服，就是用木棒拍打衣服。李白說「長安一片月，萬戶擣衣聲」，我們則是「印度河畔，猛男擣衣」

（我們衣服穿得也不多！），幾十個大男生亂敲一氣，也是夠壯觀的。

到印度的第五個月，爸媽來看我，我特別帶他們到河邊看我洗衣服。當看到原本在台灣連洗衣機都不會用的我，竟然在短短的五個月學會用最原始的方式洗衣服、還會煮飯做菜時，他們感動得快流下淚來。

除了打理自己的生活，我們還要幫忙校務。學校因為經濟有限，因此會自製豆腐和花生醬到鎮上去販賣，因此我也學會了做豆腐、做花生醬。（為了不影響僧眾的教育，豆腐事業已在幾年前停止。）

我剛到辯經學院時，校舍還非常簡陋，連一間教室都沒有，上課、法會都在佛堂裡；而宿舍則是「每逢下大雨，裡面就下小雨」。後來為了應付日益增加的學生，以及校舍的擴建，校長就動員全校同學共同參與。力氣較大的就負責攪拌水泥，像我年紀小力氣也小的就負責傳遞工具，但這不表示我不需要負責粗重的工作，有好幾次，我幫忙搬水泥，每包水泥五十公斤，搬運的路程大概要走十分鐘；連續五包下來，不但腰痠背痛，整個人就像剛從脫水機裡出來一樣，全身骨頭都移了位。

同學們沒有叫苦連天，反而是比賽誰搬得多，身邊沒有一個人抱怨，工作起來就更帶勁。洛桑校長為了慰勞同學的辛勞，偶而會到雜貨店買一包糖果，每位同學分兩顆，拿到糖果時，大家都高興得不得了。

我十分懷念幼時的那段時光。在世俗的標準裡我們的生活是很清苦，沒有五光十色的電影院，也沒有最先進的電動玩具，然而生活中卻充滿大自然的野趣，蒼鬱的森林、清澈的小溪，伴隨著蟬鳴，整個人和大自然融為一體。我在這樣環境裡擁有最豐富的精神生活，這種樸實的快樂，或許是同齡孩子不曾擁有的。

耐操、耐勞值日生

大多數的人在學生時代都當過值日生，值日生不外乎是早晚打掃教室、擦黑板、抬便當等服務同學的工作。很多人都不喜歡當值日生，特別是被分配到掃廁所時，簡直就是件苦差事，人人避之唯恐不及。每到了打掃時間，大家通常是敷衍了事、聊聊同學的是非，要不就是拿掃帚當令劍當場演一齣布袋戲；我想在台灣大概沒有人會喜歡在學校做這些打掃的工作。

不過和辯經學院的值日生工作相比之下，台灣的值日生工作真可謂是小兒科。

剛進入辯經學院就讀時，洛桑校長體諒我和阿旺札西初到印度，要適應生活又要忙著學習藏文，若同時也要做值日生的工作，恐怕體力無法負荷，因此不但不要求我們早上五點半的早課，也免了我們兩人當值日生的差事。

只是校長的體恤，讓原本就不太喜歡漢人的西藏同學更是心生不滿，於是開始有些閒言閒語數落我們的不是。加上來印度前，父母親和日常法師不斷地交代我們，一定要忘記在台灣的富裕生活，要和西藏孩子一樣做苦工、融入當地的生活，不要凸顯自己和別人的不一樣。於是我們不斷要求洛桑校長讓我們擔任值日生的工作，洛桑校長拗不過我們的糾纏，終於在第二年答應讓我們當值日生。

值日生是由同學輪流擔任，輪到的同學必須負責一整天的校園雜務工作，工作從早上五點開始。一大早開始供水，供水的水杯非常多，規矩也不少。水杯和水杯之間必須是一粒米的間隔，不能靠太近也不能離太遠，水杯裡的水不能太滿也不能太少，供水的方向連上下左右都有規定。第一次還不能全倒滿，先要倒少許的水在杯中，等全部的水杯都裝了些許的水後，第二次將剩餘的水輪番注入杯中才算功德圓滿。

等水供完早就已經頭昏眼花。接下來必須到每一位同學的房間送餅送茶，到了中午要替大家打菜盛飯，還要為師長準備午餐。等大家用完餐之後還要負責收碗筷、洗碗筷的工作。或許大家認為這就是值日生所有的工作了，其實不然，好戲還在後頭。當廚房忙不過來時，廚師會要求值日生切菜，個頭不大的我拿起菜刀常常讓看的人心驚肉跳。但這還不是值日生工作裡最精采的部份，最特別的就是值日生必須負責製作豆腐，並將成品拿到小鎮上去販賣。

學校原本就因為經費拮据，加上必須照顧院內所有學僧的生活花費，不得不另闢財源，校方就以製作花生醬和豆腐來貼補開銷，這也是值日生的例行責任。

做豆腐的第一步是將黃豆用機器磨碎，這些不用花太多力氣的工作常由我來擔任。煮豆漿的鍋子奇大無比，看起來就像個大水缸，看著這口鍋子，我常想：這麼大的鍋子，如果我躲在裡頭大概沒有人可以找到我。每當鍋子裝滿開水時，我就很擔心自己一個不留神會掉進去而燙熟了。遇到必須搬動鍋子的時候，這些粗重的工作就落在我的同伴身上，我年紀太小，實在沒什麼力氣。

做豆腐，我是樂在其中，但我猜想：和我一起做值日生的同伴一定很無奈，因為他們必須負擔較粗重的工作，而我好像總是在一旁涼快。事實上我並沒有閒著，我會清理製作過程留下來的菜渣，撿撿垃圾、掃掃地，豆漿煮好就一間間地分送給同學。等到豆腐做好後，我們就到鎮上的餐廳叫賣，賣完時大概接近下午一點。

做完豆腐之後，我們的衣服上都是豆渣水漬，因此學校對值日生有特別優待：那就是不用參加辯經，剩下的半天時間可以讓我們到溪邊洗衣服、洗澡。到溪邊洗衣服我們是求之不得，這半天假是值日生最好的回饋。為了這半天假，我們都會非常努力地叫賣，希望將豆腐和花生醬儘快賣完。

到了晚上，值日生將供水的水杯按照規定的方向撤下，把杯子擦乾淨倒蓋，再把大殿和校園打掃一遍，值日生的工作才算圓滿。

這些看似瑣碎繁雜的值日生工作，我和阿旺札西一共做了六年。有人說這真是自討苦吃，千里迢迢跑到印度去洗衣服、做苦工。但我從不覺得苦，因為在這些看似粗鄙的工作中所獲得的樂趣和啓發，是優渥的物質生活無法取代的。

我有五毛錢！

我得承認我真的沒有什麼專長，小時候我的嘴不是用來說話、笑，就是用來吃。在台灣時，想吃零食，手一伸和爸媽或祖母要個五元十元買糖吃並不困難，吃零食成了小時候最快樂的回憶。

十三歲到了印度，一切都改觀。沒去過北印度達蘭沙拉的人，很難想像這個依山而建的小拉薩是個什麼樣的地方。達蘭沙拉的忙碌景象和各個國際大城一樣，有的是來自世界各地的觀光客、為生活忙碌奔波的居民；不同的是，這裡沒有臭豆腐、沒有百貨公司、更沒有我最喜歡的快打旋風。在此地的生活我沒什麼埋怨，只是偶爾嘴饞，卻找不到東西吃時，覺得有些淒慘。

父親離開印度時，除了供養學校一筆錢外，只留了七百塊盧比給我，另外寄放二千塊盧比在一位僧人那裡，以備不時之需。那時的印度盧比一百元約等於台幣一百四十元，如果想買個十來枝棒棒糖，大約只要花一塊印度盧比。記得有一次我很想買五枝棒棒糖來吃，可是身上卻一毛錢也沒有，於是我很努力地在寢室裡找錢，找得滿頭大汗連個五毛錢的影子都沒有，現在想想自己當時的驢樣，真是十分好笑。如果當時我真的找到五毛錢，買了那五支棒棒糖，那一定會是我吃過最好吃的棒棒糖了。

最後，我實在是兩袖清風、翻不出任何一毛錢，只好硬著頭皮向那位僧人要了二百塊盧比，跑去大吃一頓。

以前，只要手一伸隨時就有錢，從不覺得五毛錢的重要，反而是到了物質貧乏的印度才真正感受到知足的可貴。在台灣的青少年，似乎很難體會到知足的甜美，欲望像極了一個永遠也填不滿的黑洞，永遠有追求不完的名牌、物質享受，金錢成了一種戕害身心的幫兇。

競爭的心理由課業上轉移到名牌服飾、高級房車，一擲千金的闊綽養成驕奢的習氣，看似享受的生活，不過是在空虛中不斷地來回擺盪。你問他快樂嗎？他可能很茫然，因為他的時間總是在追逐欲望中度過，可能他累得根本沒有力氣看清知足的模樣。我覺得這樣的人很可憐，就好像永遠吃不飽的人，這應該算是一種病——一種無藥可醫的病。

身在現代社會，其實就已經很幸福了。但人心不足，有了十萬塊想要一百萬，有了一百萬想要一千萬，當擁有一千萬時，也無法達到預期的快樂，因為開始煩惱要怎麼投資，投資成功則開始擔心錢太多不知如何運用，投資失敗則生氣懊惱惶惶不得終日。如果鎮日在滿足欲望中奔波企圖找到快樂，試問：我們得到了嗎？到底我們是得到快樂，還是因為不滿足而產生更多的煩惱？

離開台灣時，台灣是個經濟富裕的國家，滿街跑的是進口轎車，夜間霓虹閃爍的台北街頭，下午就高朋滿座的咖啡廳，紙醉金迷的氣氛裝飾台北街頭，每天心裡想的是如何將手邊的現金用最輕鬆的方式讓它級數成長，然後再用這些錢以最闊氣的方式向世人炫耀。

當我再回到台灣，發覺台灣的人並沒有在追逐金錢的過程中變得更快樂，看到的反而是這裡的人愈來愈消沉，眼神中透露著對未來的無助和不安，這不也就證明了：永無止盡的欲望，並不是快樂之道。

來印度十多年，我真的很快樂，打從十三歲我就不需要為自己的髮型發愁，不用煩惱它的長短，更不用擔心它的顏色。我不曾為衣服的式樣心煩，沒有款示流不流行的困擾，也沒有色彩跟不上潮流的顧慮。

有人不相信我的話：這麼窮的地方、滿街的乞丐、衣服要手洗、沒車子、沒冷氣、夏天熱得要命、冬天冷得要死，在這種地方會覺得快樂真是笑掉人的大牙。

事實上我真的是在這樣的地方找到快樂，我每天吃鹹綠豆湯配印度大餅，如果有一餐讓我吃到一塊乳酪，就會讓我開心半天；身無分文的時候，有幾個盧比在身邊我就會很滿足；每天最期待的就是到河邊洗衣服，和同學在山澗的溪流中嬉戲笑鬧。

打開錢包看到還有一百塊盧比靜靜躺著的驚喜，不是每個人都有過的美好經驗；用心感恩每一件小事的快樂，不就是每天發生在現代社會中的奇蹟嗎？這樣的生活讓我學會了不去大聲咆哮「我為什麼沒有?!」而是開心地告訴自己「這樣就很好了！」

我為什麼會如此的自在？因為少欲知足就是我的快樂之道。

痛失摯友

我到印度求學的過程，算是媲美西遊記，我的調皮活潑，大概和孫悟空差不多。不同的是：孫悟空不必學習藏文就可以在天竺降魔除妖（他們是用什麼語言溝通呢？），而我卻是必須從頭學起。

來印度之前，我在尼泊爾學了一個月的藏文。因為不是正式課程，所以學習的內容只是一些基本的會話而已，大概就像外國明星來台灣辦影友會時會學一些發音不怎麼正確的「我愛你」、「你好嗎」之類的簡單問候。直到進入辯經學院之後才開始比較正式的藏文學習。

藏文有三十個基本字母，和英文有些類似，除此之外有上加字、下加字、前加字和後加字，基本上都是三十個字母的變化，這三十個字母加以排列組合就成了新的生字。

一開始，洛桑校長為了讓我能快點進入狀況，因此安排會說一點中文的藏族同學做我的室友。為了和他溝通，用盡我的所有藏文之外，還要加上比手劃腳，而他也是用有限的中文和比手劃腳。同齡的孩子中除了我和阿旺札西之外，另外還有二位同學，我們四個整天玩在一起，藏文不知不覺中進步不少。

學藏文的那段日子，是不用參加辯經的，所以空閒時間很多，每天最期待的就是等候其他同學下課，然後在一旁聽他們到底在說些什麼；當他們大笑的時候，就很認真的聽「到底是什麼事讓他們這麼開心」，等到大部份的字都認識之後，就開始背誦經典及文法，老師也會說一些故事，讓我們藉由故事來學習新的字。差不多半年的時間，同學們的對話我可以聽懂七、八成了。

初學藏文那兩年我非常開心，除了在學習的過程中沒有什麼壓力，更重要的是我有個好老師。他是高年級的學生，他的名字叫阿旺偉松，在尼泊爾出生的一位藏胞，個性非常柔和。因為當時在寺院擔任執事，加上是高年級的同學，所以有更多的時間教我學藏文。

他隨身都會攜帶一本字典，只要我們談話遇到生字時，他就會立刻查出生字的意思；有時他也會寫個字要我用藏文寫出它的意思。他是我第一個結交的好友，除了課業上依賴他，異鄉求學寂寞時，他也是位傾吐心事的好伙伴。初到印度人生地不熟，他的照顧使我倍感溫暖，有他的協助加上整天在玩樂中學習藏文，效果特別好。只是這樣的學習方式引起學校一些同學的不滿。

當時學校內有少數同學不喜歡我和阿旺札西，倒不是我們有多麼討人厭，主要原因是我們是漢人；在我初到印度的那個年代，漢藏之間仍有一些血海深仇鴻溝，也絕少有漢人膽敢勇闖藏人的社會。一些激進的藏人會用很明顯的方式來表達心中的不滿。例如前任洛桑校長在西藏的教育界是一位非常知名的權威教授，他著作了許多書籍，並受到藏人的愛戴；話雖如此，就因為他收留了兩個台灣小孩，一些已跟隨他多年的學生都說出洛桑校長是「藏奸」的話。要一個十多歲的孩子在這樣的環境下生活，的確有些超出負荷，因此第一個結交的好友對我的意義格外重大。

洛桑校長曾在法會上向大家宣布：不准大家以種族為理由而在言語或行為上對我和阿旺札西不友善，但私底下總是會有些同學竊竊私語派我的不是。這種情形大家一定不陌生——在學校不幸成為同學們集體排斥的對象。

在台灣受了委屈，有父母親、家人或好友可以訴苦，但我一人隻身在外，除了阿旺札西外，這位唯一的好友就成了最大的支持，只不過少數討厭我的同學不斷挑撥他和我之間的感情，他因為受不了壓力終於漸漸與我疏遠。一開始我不明白他為什麼態度轉變如此之大，心裡非常氣憤，直到我去問了他的室友，我才恍然大悟：有人在我們之間挑撥是非，他礙於壓力不敢再接近我。

當得知真相之後，我一路跑到大昭寺，在這座屬於法王的寺院中嚎啕大哭，我豆大的淚珠不斷地滴落在藏紅色的僧袍上。我好想回台灣、回家，婆娑的淚水和酥油燈的光溶在一起，眼前一片模糊。我哭了好久好久，望著大昭寺莊嚴的佛像心裡不停的問：為什麼！歷史的錯誤為什麼必須由我這個才十四歲的孩子來承擔？這是我的原罪？我要因為自己不曾做過的事付出代價，失去這樣一個至誠至性的好友嗎？

我的眼淚像是梅雨季停不了的雨滴，希望菩薩慈悲眷顧能給我一個答案，就在這時候一位仁波切站在我的身旁輕喚我的名字：「蔣揚，別哭了。如果你知道藏人為了漢人而失去家園、失去至親之人，想想他們的立場，你會好過些。」

突然之間我好像被點醒了，哽咽地為自己的自私感到歉疚。原來我一直都以自己的感受為出發，完全不曾站在藏人的立場去體會事情，和他們所受的苦相比，我的苦真是微不足道啊！我的心情豁然開朗起來，抬頭望著大昭寺的佛像，心想：菩薩，您真的聽到我的祈請，還是我哭聲太大打擾到您的清修？菩薩沒有回答，只是慈悲地對著我微笑。

哥倆好：阿旺札西

在我印度求學生涯裡，有一個人不能不提，那就是阿旺札西。他生在一個六口之家，雙親和他之外還有三個姊姊。除了一個姊姊，其餘的家人都出了家，這樣的家庭在台灣應該是很少見。

阿旺十歲就出家，出家第二年就和我一起到印度求學，我們倆人不但是同鄉還是同窗校友。十多年來培養出絕佳的默契，我相信我們之間一定有很深的緣份。

剛入校時我原本和阿旺同房，但洛桑校長為了讓我們有更多機會練習藏文，就把我們倆個分開，可是只要有機會，我們還是會玩在一起。那時候，我們只需學習藏文，既不用辯經上課又不用擔任值日生，年紀小又愛玩，只要我們玩在一起，安靜的校園頓時成了市集，加上來回奔跑所產生的躁音，入校不久我們就成了大家心中的頭痛人物。

小時候我們倆人長得很像，不但洛桑校長分不清我們倆個誰是誰而常叫錯人，連寄照片回家時爸媽都誤以為我是他。即使到了今天，乍看之下我們還是有幾分神似。

兩人雖然長得像，但個性上卻是南轅北轍：我的個性活潑、阿旺則是內斂。不同的個性也反應在讀書方法上；我背書的速度很快，一段課文不消幾分鐘就背好了，阿旺背書的速度沒有我快，但他會每天複習舊的部份，一到考試成績出來，阿旺的成績往往表現得比我好。

當我們還在學藏文時，阿旺常常隨身帶著一本字典，不時找一些字問我那是什麼意思。當時我心裡很不舒服，因為我知道這些字他都知道意思，他一定是有意欺負我、讓我出糗才問我，所以常常拒絕回答。後來才知道他是為我好，我卻因為自己的傲慢態度，損失了很多學習新字的機會。

同樣的情形也發生在辯經上，在班上我屬於反應快的學生，但也常會因為不夠深入而卡在一些觀點上。阿旺則較沉穩，頭腦清晰冷靜，他在辯論時所提出的問題，幾乎是讓對手找不到任何可以反擊的破綻。有時我在辯論遇到瓶頸，他就會主動告訴我應該怎麼回答，可是因為我當時年紀小，和他又同是台灣去的孩子，每每他告訴我該怎麼做的時候，我就打從心眼裡不服氣，甚至有些不屑。

有一次，現任的壇確校長說過一段話：辯經師長的功勞固然可貴，但只佔一半，另一半則是和你辯經的伙伴。就算我們有滿腹經論卻沒有一個辯經的對象，辯經的精髓根本無法融會貫通。我終於更懂得阿旺的無私，還有我的幼稚。

阿旺不止在課業上幫助我，在翻譯的時候也給了我極大的支持。例如法王第二次來台弘法時，在翻譯的過程常有一些偈頌和佛學名詞一時間想不起來，我就會在桌底下向阿旺示意，這是大家看不到的漏網鏡頭。我們不需透過語言，他就知道我哪一句偈頌，哪一個名詞需要他的協助。有時候他也會透過字條告訴我，哪些必須翻譯、哪些可以省略，甚至在一旁幫我做筆記、貼標簽做整理，好讓我在下一次翻譯時有更好的表現，同時累積更多的經驗。

阿旺是一位個性直率的人，不論交情再好的朋友，如果在行為上有不恰當，阿旺通常都會很直接地指出來，不在乎別人會怎麼想。他認為只要是為對方好，而對方的行為會對自己或別人帶來困擾和傷害時，他通常不會先想到自己會不會讓別人討厭，而是忠言直諫，這和現代社會中有些人笑裡藏刀、表裡不一的態度真是大不相同。

阿旺在各方面條件都比我優秀，但我卻很幸運地能擔任達賴喇嘛的首席翻譯，我認為這是我前世所積的功德，除此之外，我活潑的個性可能也是原因之一。

阿旺從來不嫉妒，還處處幫助我，在一旁為我整理資料，使我在翻譯上能愈來愈進步。大部份的人（不論在學校或職場），很難找到像阿旺這樣的朋友，大部份的人都會有互相比較競爭的心態，看到別人成功不但不會隨喜，甚至想盡辦法要把別人拉下來。踩著別人往上爬、犧牲別人只求自己成功，沒有人認為這有什麼可議之處。因為一般人要的只是目標而不問過程，這也是這個世界為達目的不擇手段的原因。

像阿旺這樣能隨喜別人的成功，處處幫助別人，在心裡又不存任何一絲的嫉妒和不滿的人，相形之下更顯得珍貴，我相信他是大家都應該學習的好榜樣。尤其是我更應該效法他。

來自雪地的人

來到印度多年，我的人生觀深受藏人的影響，原本就開朗的我，來到這裡更是如魚得水。藏人生性樂觀少憂、與世無爭，即使整個西藏政府處於流亡狀態，生活中的悲苦及物質生活的貧乏，卻不曾改變他們的性格，尤其是當你知道隱藏在藏人背後的辛酸故事後，會對他們在困苦中仍保有慈悲與積極的態度感到敬佩。

在達蘭沙拉這個藏人社會中，有一些是在印度出生的藏人，有一些則是遠從西藏流亡到印度的。當初達賴喇嘛來到印度，印度政府將這片喜瑪拉雅山邊的土地送給達賴喇嘛做為駐地，而印度其他省份也對初抵印度的藏人伸出援手，提供土地做為屯墾區，使得大部份的藏人有了安身立命的所在。

由西藏逃亡到印度的方式只有一種，那就是步行，而且得選擇在寒冬的季節，主要原因是在寒冬時河水結冰，可以做為陸路行走，是很好的捷徑；另外一個原因就是氣候寒冷時邊防較鬆。

這段路程至少也要約一個月的腳程，因此無法攜帶太多的行李和食物，通常只能帶些乾糧充飢，口渴就喝雪水。有時會遇到暴風雪，情況非常惡劣。身強力壯的年青人都難以忍受，更何況老弱婦孺。據說早期六〇年代，在逃難的路上沒有食物吃，所以連自己的皮帶、鞋子都拿來充飢。有很多人死在前往印度的途中，還有些人因為嚴重的凍傷必須截肢。有些小朋友是隻身與逃亡隊伍來到印度，他們不但要面對截肢的痛苦，還得忍受失去父母的悲傷。

來到印度考驗才剛開始。當年隨達賴喇嘛初抵印度的藏人，有一部份前往印度提供的屯墾區定居。當時能住的「房子」是用帆布和竹子搭的帳篷，只是印度嚴重的空氣污染加上不時發生的大雨，帳篷實在不是個遮風蔽雨的良所，而他們也只能自我安慰這是過渡時期，將來情況會慢慢改善。

有些屯墾區是在氣候炎熱的南印度，這些來自寒冷地區的藏人，有許多人因不適應高溫的氣候而身亡。這些來自雪地的人，眼前是一片黃土黑煙，看不到熟悉的皚皚白雪；身處異地又必須適應完全不同的人文土地，心情上的沉重和苦悶可想而知，除了依靠宗教上的信仰外，樂天不埋怨的個性也是支撐他們生活下去的力量。

這個以宗教為生活重心的民族，當他們面對一無所有的生活而必須重新開始自立更生時，常會產生一些衝擊，例如：有許多和海外機構合作的養雞或養豬計畫，但因藏人堅持不以殺害其他動物的生命賺取生活所需，而只好作罷。

面對如此艱難的環境與不堪回首的過往，藏人很少怨天尤人。和他們在一起，很少聽到他們抱怨或叫苦，他們認為人生在世尋求的就是快樂，不必為了一點小事不開心。有時會懷疑生活在這樣的環境裡，心情怎麼會好得起來？但他們臉上真誠的笑容，卻讓你不得不相信他們並沒有為目前的處境發愁。雖然有少部份的人對於西藏的國仇家恨而對漢人難以釋懷，但大多數的人對於我這個來自台灣的小留學生，仍給予最溫暖和熱情的照顧。

西藏人千百年來深受佛法的薰陶，很自然地會先想到別人的立場和感受。如果一大群人要出遊，他們會先問你想去哪裡，而不是告訴你今天我們去哪裡；在餐廳點菜時，如果大部份的人點炒麵，就算他們想吃炒飯也會和大家一起點炒麵吃，因為他們不希望廚師為了他們忙二次。

有時會為這個民族受到的苦難而感到傷心，他們反而會安慰你說：這是我們的業，我們一定是在過去世曾經種下惡因，而今因緣成熟產生果報，沒有什麼好埋怨的，我們應該接受它。

聽到這些話令人非常慚愧，身在台灣的我們，一遇到挫折就怪東怪西；在遇到狀況時很少責怪自己從前種下惡因而今飽嘗惡果，大部份的人是到廟裡求神拜佛找人消災解厄；帶了四樣水果就希望菩薩能保佑金榜提名、財源廣進、出入平安、一帆風順，外加身體健康長命百歲。

反觀藏人到寺院裡點燈禮佛或佈施供養，一定會將功德迴向一切「如母有情」能獲得比自己更多的快樂及快樂的來源。因為藏人深信所有的眾生（不論動物昆蟲或鬼神），在數不清的前世，都曾做過我們的母親，因此對待他們也要和對待這一世的母親一樣恭敬。

在台灣，當我們到廟裡去問拜佛的人在祈求什麼時，大概不會有人告訴你說：我求菩薩保佑我以外的其他人，能比我更快樂、更幸福。相較之下，藏人的心量和氣度一如西藏無邊的草原般遼闊和寬廣。

許多藏人的家園被毀、親人被殺，也沒有宗教信仰的自由，他們幾乎一無所有——沒有國土、國籍的難民。然而達賴喇嘛在國際上和世界各大國領袖平起平坐，難民身分並無損於別人對他的尊重、認同，藏人在國際上也得到許多的支持。和他們相處這麼多年，深深體會到：這樣一個堅忍不拔的民族，真的值得他人的尊敬。

想想身在台灣的人，多數是身在福中不知惜福、感恩，台灣有太多要反省的地方了。

是吵架？還是辯經？

很多人可能從電視上看過這樣的畫面：一群喇嘛在黃昏時分兩人一組地在草地上活動。其中一人站，另一人坐，站著的人手拿念珠擊掌要求坐在地上的人回答問題，看起來態度慷慨激昂，不明就裡的人還以為這二個人在吵架，要不就是做錯事挨學長的罵。

這就是藏傳佛教中赫赫有名的辯經。辯經是藏傳佛教中最主要的特色，藏傳佛法主要源自印度的著名佛教大學——那蘭陀寺，當年玄奘大師就是在那蘭陀寺受學十七年而獲得成就。西藏古格王朝——智光和菩提光國王就是歷盡千辛萬苦迎請那蘭陀寺住持——亦是被印度人稱為「能仁」第二（亦指第二個釋迦牟尼佛之意）——阿底峽尊者，建立西藏後弘聖教，沿至傳到宗喀巴大師，至今此套辯論內、外道及因明邏輯的深細思想得以完整的保存下來，這是我們漢地佛法缺少的。

我們學校的藏傳佛法課程一共是十四年，主要以五大論為主，這其中包括了經、律、論三藏，這些課程內容原本是一入校就開始學習，但我入校的第一年要學藏文，因此到了第二年才正式開始進入主要課程的研讀。這和在其他國家留學的情形一樣，要先進入語文學校就讀，等到有了相當的程度之後就可以修習正式的課程。

接下來我們開始學習辯經。首先，我們要弄清楚辯經不是吵架，它有一定邏輯和原則，當問方擊掌要我們回答的時候，回答要簡單明瞭、乾脆俐落，被問的人只能回答：是、不是、一定、不一定。主題必須連貫，除非對方問「為什麼」，這時被問的人才可以多加解釋，而且不能因為無法回答而更改主題。如果在辯經的過程中沒有一定的規定，就會像電視上Call in節目的來賓一樣各說各的話、沒有交集，最後吵成一團，吵的人生氣，看的人更是火大。

辯經必須是探討經典的內容，特別是經典的內容上下文有矛盾時候，以一答一問的方式將真相釐清。舉例來說：當我們談到菩提心，我們就必須先從經典上找到菩提心的定義，在雙方都確定菩提心的定義後開始辯論，透過辯論的方式用不同的角度來看待事情。

辯經的方式有三種：第一種是「一針見血」。例如有人問：「有沒有一種人既有智慧又很愚笨？」答者可能會回答：沒有。接下來問方會問：「請問『一些人』是不是人？」這個問題很奇怪，但按照規則你只能回答「是、不是、一定、不一定」四個答案，所以縱使問題很奇怪，我們也不能有四個答案以外的回答。如果回答一些人是人，那麼一些人是不是很有智慧又很笨的呢？如果有一些人很有智慧，還有一些人很笨，那問方會回到原來的問題：有沒有人是有智慧又很笨的呢？如果是你，你會怎麼回答？

第二種方式是「打破砂鍋」。這種方式可以測試出你對教理的認識，以追根究柢的方式探索到很細微的部份，然後從中做矛盾，這部份就會涉及較多的佛學專有名詞。舉例來說：以唯識派來說，他們認為我是不變這個道理是不成立的，因為唯識主張我的身體會老化所以我也會老化。既如此，那「阿賴耶識」的主張不應成立，因為唯識認為阿賴耶識是三世輪轉的我，又說它永遠處於無記狀態不會改變，那不就如同「我不會變」的主張相同？因此有相互矛盾之處。故以反問的方式來尋對方主張內部的矛盾，屬於辯經的方法之二。

第三種方式則是「引經據典」。例如：你說的這句話和某某經典中的主張不合，那你要如何解釋？而你的回答則必須乾淨俐落絕不拖泥帶水。

我們在第一年學辯經的時候，要背許多的專有名詞，縱使是不知道意思，校長也要求我們死背，除此之外還必須通達理路，什麼叫通達理路？就是我們在辯論的時候有一定的模式，如果這個模式沒有通達，將來辯經的時候就會產生障礙。好比說在辯經時問方的問題是：鐵桌是不是木頭？答案當然是否定的，如果問方提出的論點：「鐵桌」是「木頭」因為它是「桌子」，當然正確的回答是不一定。可是問方繼續追問：為什麼不一定？如果回答：木頭不一定是桌子，或是鐵桌是桌子但不一定是木頭，這二個都是錯誤的答案，表示答方對不一定的定義沒有弄清楚，如果回答：桌子不一定是木頭，這才是正確答案。（你有沒有看得眼花撩亂？沒關係，第一次辯經時我也是弄得頭昏腦脹。）

在辯經學院十四年的課程中，這些都是第一年的內容，也就是我在十四歲時念書的內容，或許有人會覺得辯論佛陀是不是人，桌子是不是木頭這類的問題不但無聊而且浪費時間，但假使我們只閱讀經典而不透過邏輯的辯證，是無法將經典融會貫通的，透過辯論可以訓練思考及反應速度；平時有辯論的訓練，遇到困難時思考也會更深入。

在辯經的過程中我們並不以得到結論為最終目標，因為每一件事情都有許多不同的角度，壇確校長也曾說：辯經的目的不是要辯到你輸我贏，而是讓自己能在教理上體會愈多、愈深，這才是辯論的目地。

剛開始辯經時，常常感到很不服氣，晚上也無法入眠，思維破解問題的答案。後來是因為每天辯論，它已經成為「家常便飯」而漸漸不在意，又加上這是每一位同學都會遭遇的問題，而且當你無法發問時，就代表你已經獲得滿足的答案了，那又何須生氣呢？

當我們藉由辯經的方式訓練自己以不同的角度觀察事情，當我們遇到失敗或障礙時，就能從中體會出智慧，因挫折而更上一層樓，這才是我們學習辯經的意義所在。

人生以快樂為目的

達賴喇嘛曾說：快樂是我們的人生目的。如果你問身旁的人知不知道快樂是什麼？通常可以得到肯定的答案。但繼續問：快樂存在哪裡時，你可能就得不到滿意的答案了。

快樂確實存在，但它在哪裡？要怎樣才能獲得快樂？

我認為快樂是一種感覺，無法以金錢衡量，因為真正的快樂是無形的「滿足」。但這樣的形容對很多人並不適用，因為很多人的快樂不但有形狀、有重量、而且可以用金錢物質來衡量。

我們常用「尋找快樂」這個字眼，好似快樂是藏在這世界的某一個地方，要努力尋找才會發現它的蹤跡。因此有人飆車，在速度上尋找快樂的感覺；但在速度消失的剎那，興奮感也不見了。有的人則是花大錢買名牌，因為這是他認為的快樂；但當他看到有人擁有和他一樣的物品或穿一樣的衣服時，快樂的感覺立刻消失，可能才剛結完帳尚未走出商店的大門，所有的忿怒和嫉妒在這時候一擁而上。這說明這些人在尋找快樂的過程中，並沒有嘗到真正的快樂。

我們都認為痛苦和快樂是來自外在，是別人或外在事物加諸於我們的，事實上這二種情緒一直都存在我們心裡，世界上沒有任何人可以讓我們痛苦或快樂——除了我們自己。就拿我來說，有時早上一打開門，就看到門口一堆狗屎，頓時怒火中燒，到底是哪隻狗一大早在我的門口放炸彈，要是讓我找到那隻狗，我一定捉過來好好揍一頓。但有一個聲音同時告訴我：你為什麼要生氣？你如果不快點控制忿怒，為了一堆狗屎，這一天可能就毀了！

這樣一想，我會很快地平靜下來。事情都已經發生，清掃工作也夠麻煩了，如果在這時候生氣，豈不是苦上加苦？何況我為了眼前一堆狗屎去牽怒每一隻我看到的狗，那面對滿街亂竄的狗我豈不是氣個沒完沒了！想到這點，我就心平氣和地把門前這堆狗屎清理乾淨。

痛苦和煩惱常互為盟友，當二股勢力結合時，快樂就像兵敗如山倒一樣節節敗退。我們常為了一點小事煩惱，結果煩惱就像先遣部隊一樣讓痛苦大軍有可趁之機，痛苦就在我心裡生根發芽，而自己又沒有力量來制伏它的時候，痛苦很快就會像大樹一樣高佔滿我們的心，影響到我們正常的生活，失眠、頭痛接踵而至，最後可能失去健康。這是我們希望的生活方式嗎？

很多人不懂如何面對負面情緒，而讓自己每天都處在不快樂的狀態，而這些不快樂的原因可能只是別人的一個眼神、一句話、甚至是陌生人的無心之過。為了這些芝麻小事生氣、痛苦、以至於大打出手，但這些反應並沒有讓他們獲得快樂，反而會使他們毀於更深更長久的痛苦之中。

如果我們認為快樂是外在力量所給予的，那麼我們所得到的快樂會隨著不同的外境而起伏，不但短暫而且不真實。這是錯誤的尋求快樂方式。

痛苦也是以相同的方式存在，假使我們認定痛苦是別人給我們的，是別人造成我們的痛苦，那麼我們就會陷入「只因為一堆狗屎，而牽怒所有的狗」的困境——如果一天之內看到十隻狗，就要生氣十次，那麼到底是誰讓我們不開心？仔細想想你會發現，這個令我們生氣的元兇其實就是自己。

我一直認為自己很幸運，雖然在印度沒有很好的物質生活，卻有機會認識真正快樂的尋求之道。這些年，「感恩」和「愛」是我生活中快樂的來源，我深刻體會到，如果一個人孤獨地生活在這世界上，而沒有感恩的對象，我們是不會快樂的。

雖說我們有任何物質上享受完全是我們自己努力賺錢的結果，但如果沒有農夫辛勤耕種，我們就沒有蔬菜米飯可吃，沒有縫紉師又哪來的衣服？就算我們有錢，沒有別人的努力，我們有錢也是什麼都買不到。

更何況，如果沒有人提供我們工作機會，讓我們可以在工作中賺取薪水，我們的錢又要從哪裡來呢？

有人會說：遇到自己討厭的人連笑臉都擺不出來，要心存感恩根本是不可能。當然，如果一心只希望對方在三秒鐘之內從地球上消失，內心的愛豈會湧現出來？如果想獲致真正的快樂，縱使是討厭的人站在眼前，也要儘量去想他的優點，就算是真的想不出，也要視他們為修忍辱的「好老師」——如果平常沒有這些「老師」突如其來的抽考，我怎麼知道自己的修行程度到底好不好？如果遇到這種人，內心仍然存有慈愛，世間就是了淨土。

我們要很清楚地確認自己要的是快樂而不是痛苦，所以千萬別和自己過不去。有了這個認知，接著就要常常運用這些轉換念頭的方式，使自己常常保持愉快的心情。這些方法都很簡單，只要不斷練習，當生活遇到困難、感情遇到挫折時，就能以積極健康的心情去面對，而不是拿著健保卡到醫院找醫生要求快樂的處方，或是以結束生命的方式來為自己的痛苦找出路。

無上恩師：達賴喇嘛

到印度留學之後，小小的年紀就過著完全獨立的生活。通常在那個年齡最需要的還是父母親的照顧和關心，但我卻是由師長取代父母的角色，走過驚濤駭浪的青春期。除了洛桑校長和壇確校長外，法王達賴喇嘛是我在這十多年印度求學生涯中，影響我至深至遠的師長。

到印度那年是一九八九年，那年法王榮獲諾貝爾和平獎。在那個年代，漢藏之間仍存有很大的血海深仇鴻溝，一個十三歲的孩子要在那樣的氣氛下生活，實在不是容易的事。第一次見到法王是在初抵達蘭沙拉後不久，父親帶我一同前往皇宮覲見法王，父親向法王報告我想出家的經過，我記得法王很仔細地端詳我，我的注意力則停留在皇宮中金碧輝煌的佛像上。從那之後不久，我大約每個月都會收到法王請人送來的蛋糕和巧克力，對我而言確實是很大的鼓舞力量。（當然，鼓舞到的絕非那張好吃的嘴巴而已。）

在藏人的心裡，達賴喇嘛是觀世音菩薩的化身，是慈悲的力量，達賴喇嘛在他們的心目中擁有至高無上的地位。起初我並不能體會這樣的感受，直到有一次看到「涅沖降神」我才真正了解法王的力量。

涅沖是一位護法神，百年來都是西藏政府的守護神，遇到大事的時候，達賴喇嘛都會透過涅沖的神諭做為決定重大事件的參考。涅沖會降身在特定的僧人身上，而僧人身上會穿著特定的服飾，光是頭冠就重達五十公斤以上，當涅沖降身在僧人身上時，原本瘦小秀氣的僧人，會像灌滿了氣的汽球一樣愈來愈胖，聲音也愈來愈低沉。

第一次看涅沖降神時，看到身著沉重服飾和頭冠的涅沖神向達賴喇嘛下跪並獻上哈達，當時我看得目瞪口呆，心想：不得了，平常人們都是跑到廟裡向神祈求下跪，而今這位廟裡的守護神竟然跪在法王跟前。天哪！達賴喇嘛一定是一位更了不起的神。那是我第一次見識到法王崇高的地位。

不久之後，我在經典上看到佛的一段預言。佛有一次在解釋六字大明咒時突然微笑地將臉朝向西藏的方向說道：未來在這地方難調伏的眾生，將有觀世音菩薩渡化他們，到那時候大悲觀音將成為他們的領導，這裡的孩子不需要父母的教導就會口誦六字大明咒。這讓我想到西藏的孩子從不需要父母的教授，很自然地就會唸六字大明咒。這和佛陀的預言相吻合，更讓我深信達賴喇嘛就是觀世音的化身。

後來我成為達賴喇嘛的翻譯，有更多時間隨著法王到印度許多地方和世界各國弘法。但初期我還不是西藏政府承認的正式翻譯人員，因此不屬於法王私人辦公室編制，所以我不是隨行人員，只要有法會，我必須自行抵達弘法地點與法王會合。法會結束後，如果法王另有行程，我不能隨隊前往，也是必須自行回到達蘭沙拉。

有一次法王在弘法結束後把我叫了過去，跟我說：「蔣揚，你跟我們搭同一班飛機一起回去吧，你一個人留在這裡不方便，一個人回去也很麻煩，跟我們一起走吧。」在那一刻我非常感動，在法王溫言裡，我找到一份期待已久的歸屬感、認同感。

記得還有一次，達賴喇嘛和一位漢系的出家師父共進午餐，我擔任翻譯工作同時，也為達賴喇嘛和另一位師父打菜盛飯，結果法王先替那位出家師父挾菜，然後再把菜放在我的盤子裡。雖然只是小小的動作，卻完全溫暖了我的心。

餐後不久法王把我叫了過去，問我：「蔣揚，你之前到薩迦派的寺院學習，有什麼心得？」我非常驚訝，因為那是五、六個月前的事了。當時學校要辦法會，於是派我前往薩迦派的寺院觀摩學習，因此向法王辦公室請假。正巧那段時間法王要找我翻譯，因此問了秘書長我到哪兒去了。法王一向主張不分教派，因此對我到其他教派學的事感到欣慰。

在藏人心裡達賴喇嘛是國王，在宗教上達賴喇嘛的地位與佛一樣無別，法王能對我這無名小卒所做的事記得如此清楚、這樣地位崇高的人對我這樣的小人物所做的事會放在心上，那種關切的感動，是言語無法形容的。

有一次法王有華人訪客，所以召我到皇宮翻譯。那天我的頭很痛，但為了不使他老人家擔心，我振作起精神假裝沒事一般。在那短短的數十分鐘裡，達賴喇嘛竟看出我身體不舒服，訪客走後法王馬上問我：「蔣揚，你身體不舒服為什麼不說？」法王的觀察是如此細微，之後法王立刻囑咐侍者拿藥給我吃，就像是一位父親對待兒子。

有人說只要看著達賴喇嘛的眼睛，千百劫以來的惡業都能淨除，而我竟有能跟在法王身邊的福報，不論這份工作有多忙碌，我都會非常珍惜每一刻與法王相處的時間。我會要求自己努力學習佛法，在心中升起菩提心和空正見，以報答我的恩師——達賴喇嘛。

心靈的預防針

我想，很多的年輕人都會有這個疑問：只要生活過得好、吃得好、穿得好，也有同性異性好朋友，有團體歸屬，為什麼還要宗教信仰？在探討這個問題之前，我們先釐清什麼是宗教？

宗教包涵的範圍很廣泛，從傳統宗教的到廟裡求籤拜神、做法事，到心靈提昇或哲學學習，都屬於宗教活動的一部份。一般有歷史背景的宗教都是以「愛」為基礎、以「道德」為行為規範，「心靈的提昇」則為其最終目標。只是很多人把宗教行為當成是一種交換，認為有拜就有保佑，沒拜一定會出事情，反而忽略了宗教的本質。

宗教也是教導人追求快樂，但這個踏實的快樂不是建立在物質層面（很多人就物質而言是很充裕的，但還是得不到快樂）。家財萬貫的空虛，一般人很難體會到（畢竟億萬富翁還是少數），而且也絕不會相信：如果自己有了上億的錢財之後，還會為快不快樂苦惱。但看看台灣中部發生的社會案件就知道：身價五億的富豪，竟然會以最激烈的自焚方式，結束全家的生命。錢，真的不是快樂的標準。

有些青少年會說：我現在很快樂，不需要仰仗宗教信仰提供快樂。當然，我並不是認為每一個人都要有宗教信仰才能快樂，沒有宗教信仰的人就得鎮日愁眉苦臉。只是很多青少年還沒有遇到過重大挫折，現有的快樂，還沒有經過考驗。

不是每天都有好運的，也不是一生都會順順利利沒有障礙的。有很多人是在生活上遇到難關之後，開始有宗教信仰，藉由宗教「提升精神層面」，而在生活中找到應對的智慧。或者我們可以這麼說：宗教信仰是心靈上的預防針，讓我們在平時作好心靈建設，當遇到困難或障礙時，會以比較健康的態度來面對。

任何正信宗教都是以「愛他利眾」為出發點，我們看到有許多神父、修女，在別人的土地上終其一生奉獻自己，這種悲天憫人的胸懷就是愛的表現。我們現在的社會，人人都是以我為本、惟我獨尊，「我」才是最重要的，每個人都自私自利，好像這世界除了我之外，無所謂別人的存在。在這樣的社會，宗教的「無私的愛」不正就是我們需要的？

我們更應該清楚：宗教不是做買賣。當你的人生出現挫折時，不會有花錢可以消災的好事，依佛教「業和輪迴」的觀點來看，今生受的果報，一定由之前的業所感招，這就是「欲知前世因，今生受者是；預知來世果，今生作者是」。遇到不如意時只知花錢請人化解，而沒有業的正確觀念，很容易在病急亂投醫的狀況下遇到騙子。

也有很多人以為：宗教是迷信、不科學。然而達賴喇嘛在美國威斯康辛州和一群科學家討論腦和意識的議題時，以宗教經驗推翻以往的科學結論：我們一直以為腦細胞只會因年歲的增長而減少，但科學家現在證明腦細胞是會隨著「Learn」（學習）而增加。同時證明：透過修行禪定可以控制心跳、脈博、血壓的變化，使身心保持平靜，而不容易受外在環境的影響。

現在的青少年非常容易受到外在環境的影響，不論好壞照單全收，除了容易互相模倣之外，在情緒方面的控制能力更是欠缺；內心的衝動與憤怒，就像錢塘江的浪潮一樣翻騰，無法控制自己的情緒，結果因為一句話、一個眼神就大打出手、過失殺人，毀了大好的青春歲月。

如果我們能在平時常常訓練自己的心，學習控制自己的情緒，讓自己常保持愛心，在遇到狀況時就容易掌握自己而不致失控。佛教的教義就是在教導我們制伏煩惱，即使不是佛教徒，這套完整的修心方式也非常適合現代人。

現代的人多半是物質充裕、心靈貧乏；單純的快樂就在富裕中慢慢被貪婪吞噬，快樂愈來愈少，煩惱愈來愈多，最後這些小煩惱日漸累積成人生的巨大痛苦。物質欲望的追求是永無止盡的，在追求的同時煩惱隨至，因此在追求欲望的同時，若能提升心靈境界，相照之下就非常重要了。

如果青少年能自小培養正確的人生觀，不要忽略心靈深度的重要，不但對自己有益，對社會也是一股向上提升的動力。青少年對宗教應有的態度，除了尊重之外，有正確的了解也是非常重要，因為有太多人假藉宗教之名行斂財騙色之實，青少年很容易受到傷害。

我相信，大多數的宗教都是以慈心利眾為出發點，這正是現代人最欠缺的特質，不論年輕人是否有特定的宗教信仰，多用愛心滋養自己的心靈，讓自己習慣以正確的情緒和成熟的態度面對挫折，這就是有高EQ、有內涵的未來主人翁。

把快樂送給別人

很久很久以前，有一對印度夫婦，生了好幾個男嬰都不幸夭折，後來他們又得到一個男孩，他們很害怕會再失去他，於是替小男孩取了一個女孩子的名字——月童子。

終於月童子平安地長大。在當時的印度，男孩都必須繼承父業，月童子的父親不是商人，但他執意要經商，父母百般勸阻，月童子不但不聽還動手毆打父母。在他經商的過程中，只供養過父母親二次。有二次他到外地做生意，都受到美麗女子的殷勤招待，這就是他拿錢供養父母所得到的兩次果報。

一天，月童子來到一座偏遠的城市——其實不是什麼城市，而是一座地獄——他看到這座城市中的人受著各種不同的痛苦，其中有一個人的頭上有一個很大的火輪在頭上旋轉，於是，月童子好奇地走近問道：你的頭上為什麼有這樣的火輪在轉？這個人哭著回答說：因為我以前不知道孝順父母，還動手打他們，所以才得到這個報應。

月童子一聽心裡十分害怕，心想我也打過父母，該不會……就在這時候，月童子頭上有一個更大的火輪在轉動，讓他頭痛欲裂非常痛苦，這時候他開始懺悔自己的不孝，並在心裡許下一個願望：所有對父母不孝的人必須受的懲罰都由我來承擔。

就在這時候，火輪就從月童子的頭上騰空飛起消失不見。在《入中論》這本談中觀空性的著作中也提到：如果我們能發心承擔別人的痛苦（也就是自他相換），功德將是不可思議的。自他相換的意思就是：自己承擔別人的痛苦，將一切的安樂享受送給他人——這裡的安樂包括有形和無形的享受。

在現實社會中有誰會把快樂送給別人，痛苦留給自己？有誰會這麼笨，做這種傻事，如果有人覺得這樣做是愚蠢的行為，其實是沒有弄清楚事實的緣故。

如果你是一個億萬富翁，決定到荒島獨自生活，你會快樂嗎？問題不在於有沒有人陪伴你，而是在於你要如何在荒島上生存？縱是你有很多錢，但沒有農夫勤辛的耕種你會有米飯可吃嗎？

我們同樣可以推論：如果今天世界上只有我一個人，世間的快樂和享受要從何處而來？當我們追根究柢會發現，人活在這世界上所有的美好，都是來自別人的努力，自己的重要性只佔百分之一，但我們都把這百分之一的努力視為最重要，而忽略了別人百分之九十九的貢獻，如此顛倒行事也難怪有愈來愈多的人感到痛苦。

又百分之一的理由何在？如欲求一支錶時，雖然會以為是個人花錢買下，可是要知道這是透過多少人轉至我們的手中，如工廠、商人、當初發明錶的人、發明製錶機器的人、員工等，再說自己可以賺錢，是因為受過教育、學過技能——此豈不依賴受教育時的學校及師長嗎？初來到這世界時都是光身赤裸的，如果沒有人照顧、為我們付出，我們豈能長大成人？

如果我們生活中的美好事物完全來自他人的努力，那麼愛別人當然就是理所當然。人之所以會痛苦完全是過份重視自己所致，我們稱這種過份愛自己的現象為「愛我執」，因為過份愛自己，我們會為滿足自己而做出許多駭人聽聞的事，殺人、放火、搶劫、甚至弑父殺母，這都是因為過份珍視自己的行為反映出的結果。

有人或許會說：光愛自己就有這麼多痛苦了，怎麼還有力氣再去愛別人呢？如果這是我們的思考邏輯，那我們的眼光就會愈來愈短淺，最後只要有一點點不順心就會讓我們氣得跳腳。如果我們愛的對象擴展到每一個自己以外的人身上，因為我們的注意力是放在他人是否得到安樂，幾乎完全忽略自己的存在時，你想，當我們有一些不如意時，我們還會有生氣或痛苦的感受嗎？

大部份的人認為要愛自己的親友當然沒有問題，至於不認識的人，我們沒有愛他們的必要吧？因為不認識的人又不愛我，我為什麼要對他好？如果有人有這樣的疑問，那我很好奇，錢沒有思想又不會說話，當我們悲傷時又不能給我們擁抱，為什麼有這麼多的人要愛它？

對我們有仇恨的人我們就不需要對他好嗎？對修行人而言，如果我們沒有逆境的考驗，我們無法知道自己所學經典上的道理是否真正能融會貫通運用在生活中，對於這些製造逆境考驗我們的人，不正是我們的老師嗎？如果我們能這樣想，我們就不會受逆境和仇人左右和控制，最終受益的還是我們自己。

自他相換其實是一種勇敢面對困境和挫折的方法，也是一種愛的方式。我從小有幸能夠生在愛的環境中，長大之後又有幸能遇到好老師的教導，我也在其中為真愛包圍，深受這種大愛的感動。

在印度的十多年生活中，並不是事事順遂，有時遇到的狀況會讓我產生很大的挫折感，但每遇到不如意我就靠「菩提心」和「自他相換」的方式度過，那是一種「愛的感覺」。特別是在今天的社會，每個人在生活上或心裡上都有許多的痛苦和煩惱，我們會對這些痛苦感到無奈，是因為自己沒有意願承擔，與其終日埋怨這些痛苦，倒不如換種方式面對它。

當你遇到挫折時，可以在心裡這樣發願：願這樣的痛苦由我一個人來承受，也願我承受之後其他的人都能得到快樂和幸福。平常要反覆思考這些問題，改變個人對生命的看法，遇到問題時，也可以多想上述的內容，主要還是每天固定讓自己培養愛他的感受：先想愛他的好處，愛己的過失，進而讓愛的感覺一直持續著。以這種方式不斷練習，相信我，你會在其中得到令人意想不到的驚喜。

最喜歡的兩本書

乃至有虛空，
以及眾生住，
願吾住世間，
盡除眾生苦。

這首悠美動人的偈頌是出自寂天菩薩的《入行論》，也是達賴喇嘛為人所熟知的願文，法王常以此部偈頌自勵，這也是影響我至深的一本書之一。

《入行論》是印度有名的中觀學者寂天菩薩的作品，是在西元七世紀至八世紀之間的著作，書中的內容都是動人的詩詞，詩歌中充滿著悲天憫人的胸懷，書中以巧妙的譬喻貫穿，字裡行間在在啓迪人心。《入行論》中共有十品，其中〈安忍品〉和〈菩提心〉最令我深深感動。在安忍品中，寂天菩薩提到：一個人如果要出門，面對滿是荊棘的大地，何必要用一大片皮革將大地包裹住才出門行走？只要用一小片皮革將腳包住不就等於將所有地面蓋住了嗎？此意是，想要消滅世上所有的仇人，再獲取安樂是不可能的，其實要消滅的真正仇人是我們內心的瞋恨，瞋心去除就等於消滅一切的仇人。

寂天菩薩又說：如果有人被木棒打傷了，那麼他是否該對拿木棒的人生氣呢？直接傷害我們的是木棒，我們為什麼不對木棒生氣？又間接傷害我的是對方的手，但那隻手也不是瞋怒的對象，那麼追根究柢我們應該恨的是最究竟的「幕後主使者」——瞋心，而不是這個人了。這些精巧的比喻，在在直指我們面對煩惱和忿怒應該有的態度和心情，對於動不動就因小事而失去控制的現代人，真是一本不可多得的好書。

《入行論》中特別提到發心，而這裡所謂的發心是指發菩提心，這種為了眾生可以犧牲一切的偉大心力，讓我每每思及都感動莫名，寂天菩薩說：「為了一切有情眾生的利益，我毫不吝惜將我的身體，所有的受用和美好，以及過去、現在、未來三世所集的一切善業、福德都佈施給眾生。」這種為了他人的快樂而願意犧牲自己的一切，毫不遲疑或吝惜的心量，常常帶給我很大的震撼，這樣廣大的願心，也成了我修學佛法的目標。

還有一本影響我甚深的書——《密勒日巴傳》。密勒日巴是位當世修行成佛的大成就者，一生充滿傳奇。

密勒日巴小時候家境富裕。七歲時父親生了重病，過世前將密勒日巴、妹妹和母親連同萬貫家財囑託姑母及伯父，並交代好好照顧母子三人，並要求在密勒日巴長大娶妻時將家財歸還。父親辭世後，親友並未依約盡到照顧之責，不但霸佔家產而且還凌虐密勒日巴和家人。

密勒日巴決心報復，於是拜師學習咒術，就在他伯父兒子娶妻的當日，用咒語將房屋摧毀因而造成許多人的傷亡。因為老師教導密勒日巴用咒術殺人，所以必須承受殺生的共業，且密勒日巴害怕殺了這麼多人會投生到地獄道去，唯一解決的辦法就是學習正法，誠心地發願懺悔洗淨罪愆。

在密勒日巴學法的過程中，遇到了他的上師——馬爾巴。馬爾巴在密勒日巴學法的過程對他百般刁難、十分嚴格，但這些種種考驗並沒有讓密勒日巴產生退卻心。當馬爾巴正式收密勒日巴為徒後不久，密勒日巴就在岩洞中開始長時間的閉關。在深山閉關期間，密勒日巴只能以山洞中的蕁麻裹腹，一段時間之後，密勒日巴便瘦得不成人形，同時全身都變成綠色。密勒日巴並不因為衣不蔽體無食物可吃而感到痛苦，反而在當世證得菩提，成為一位西藏佛教史上的大成就者。

密勒日巴最著名的就是以歌謠的方式教導眾人佛法，這一點和寂天菩薩有異曲同工之妙。密勒日巴的傳記，我至少看過十遍以上，每一次看密勒日巴的傳記都讓我淚流滿面，特別是在密勒日巴最艱困的時刻，也沒有影響他在佛法上的修持心。我很羨慕密勒日巴能在山洞裡閉關，沒有太多喧嘩的環境是修行的最佳場所，無憂無慮，一心只在佛法上學習。

《密勒日巴傳》中影響我最深的精義是：即使外在環境非常惡劣，密勒日巴的心仍然十分清明完全不受任何影響，一心一意只為了眾生的安樂而努力，完全不考慮自己的處境。很多人在誤入山洞見到密勒日巴時都以為看到鬼魅，後來知道他在山洞修行、只能吃蕁麻時，都十分同情他，密勒日巴反而安慰他們，說明自己內心的快樂，並不會受到外境的影響。這一點讓我十分欽佩。

一本好書會影響我們的一生。《入行論》和《密勒日巴傳》對我非常重要，我常以《入行論》中的偈頌做為制伏煩惱的利器；每當我遇到挫折或障礙，我就會不斷默誦《入行論》的「乃至有虛空，以及眾生住，願吾住世間，盡除眾生苦」，我會很快地從沮喪中恢復，重新找到推動我向前走的助力。

轉個念頭會更好

從我有記憶以來，家裡的經濟情況就非常好。我們住的是別墅，家中有的是假山魚池，和昂貴的家具，生活可說是無憂無慮。

大概在我三、四年級的時候，父母親因為替人作保，家中的經濟狀況突然有了轉變。那時候父母親不但沒有埋怨拖累他們的朋友，反而說這一定是自己前世造的惡業，而今業果成熟才會如此。家中也沒有因突如其來的經濟變化而愁雲慘霧，印象中也不曾聽到父母親埋怨每天燒香拜佛還遇到這些倒楣事，他們反而更精進學習佛法，這一點，父母親的人生觀和藏人有些相似。

在印度常會聽到藏人逃亡的故事。有的兄弟姐妹一起逃亡，有的則是十多歲的孩子一個人在冰天雪地中行走二、三十多天。我就聽過這段真實故事。

有三兄妹決定結伴從西藏翻山越嶺前往印度，途中大哥不慎掉落到冰縫中，因氣溫極低，大哥不久凍成冰人，兄妹倆人急著想把哥哥抓上來，大哥結冰的手指卻在拉扯中斷裂，最後整個人墜入山谷；兩兄妹只能眼睜睜地看著大哥死在自己的眼前。留下來的二兄妹才十多歲。有人問二哥：你怪漢人嗎？他的答案是：不，這都是我們前世造的惡業，不是任何人害我們的。

在西藏通往印度這條路上，只有二個結果：一是死亡，另一個則是自由。很多人在這條路上活活凍死，就像一具具的雕像，在沿途散佈著。幾乎每一個來到印度的藏人（不論在家或出家），背後都有一段聽了讓人內心淌血的悲慘故事。

但他們從不讓自己被仇恨吞噬，藏人總是以轉念的方式來面對痛苦和障礙。對達賴喇嘛來說，沒有比失去國家、看到自己的子民流離失所更讓他覺得悲痛，但他卻常和藏人說：西藏人會有今天的苦難，都是因為前世造惡的緣故，從前的貴族及大官只想到自己享樂，未能善待百姓造成的惡果。達賴喇嘛對傷害他最深的人視他為善知識，並且不斷地告誡他的子民不要記仇恨，而以佛法中所說的業果來撫慰藏人受傷至深的心。

藏人並沒有太多物質享受，但他們卻是世界上最富有的人，因為他們的生活中處處充滿了轉機。千百年來藏人深受佛教哲學的影響，在挫折中學習已成為他們生活的一部份，他們認為生活中的不順遂是可以減損過去的惡業，如果他們是生為富豪之家亦或生活優渥，很快的就會將前世累積的福氣消耗殆盡；來生可能投胎變成動物或其他更慘的境界。或許有人會笑他們傻，認為他們其實是在騙自己，但在現代人當中，又有多少民族能像他們一樣，勇敢地面對現在的艱困處境？

看看擁有富裕生活的現代人，有多少人一天曾經真正開懷的笑一次，我們常會聽到人們不停的抱怨：抱怨有個難纏的上司、微薄的薪水，希望有份錢多事少離家近、領錢領到手抽筋的好差事。面對現在零下四十度的景氣，很少人慶幸自己還有份可以糊口的差事，已經不快樂的生活，因為自己的落井下石而苦上加苦。有些人生活遇到困難就開始指天罵地怨東怨西，沒有一套可以讓自己「好過一點」的智慧。早上一件小小的不開心、下午可能就像滾雪球一樣愈來愈大，最後在晚上時刻還要對親愛的家人爆發出來。

人所以會覺得痛苦，都是因為煩惱所致，在這個世界上，沒有人可以讓我們痛苦，除了自己。一般而言，一個完全沒有接觸佛法的人，很難體會這樣的道理；即使有接觸佛法的人，也不一定能在受到打擊時仍勇敢前進，因為很多人認定的信仰是一種交換和買賣，求神拜佛的目的完全是求加持和保佑，而不是在失敗中尋找智慧。因此在台灣常會有落難的神像，因不靈而遭遺棄。其實換再多神像都沒有用，如果不知道轉化自己的心念，煩惱永遠無法化解，相對的痛苦也將不停地重複上演。

不論是否有宗教信仰，其實轉念也是一個讓自己常保快樂的好方法。每一個人在遇到狀況時，都認為自己的問題最大、最難解決，我們會急著找人訴苦，卻沒有考慮到別人可能也碰上無法解決的問題，我們可能因找不到傾聽的人而沮喪、怨懟。如果這時能想到情況比自己還糟糕的人，就比較容易說服自己跳脫悲情的陷阱，避免自哀自怨。這是轉念的第一步。

西藏有一位行者曾說過：縱使是烏鴉親口餵食小杜鵑鳥，小杜鵑長大後也永遠不會變成烏鴉。這句話的意思就是說：當我們遇到挫折或煩惱時，也許有周遭的親友幫忙，但也只是解決一時之難，若是平時不訓練從哪裡跌倒、從哪裡爬起，所謂不經一事、不長一智，不運用智慧去化解，相信上天也不會幫助「不自助」者。

當然不能期盼第一次轉念就會帶給你出人意表的驚喜，我們必須透過不斷的練習才能運用自如。轉念就像一支具有法力的仙女棒，與其每天等待奇蹟出現，倒不如擁有一隻轉念的仙女棒，讓原本困頓不順心的生活，隨時出現令人欣喜的精彩。

洛桑校長遇難了！

在洛杉磯法會結束後不久，法王就接到台灣佛教界的邀請，而決定到台灣進行宗教訪問與交流，並指派洛桑阿旺為訪台時的中文翻譯。能聽到法王要到台灣弘法，這真是讓人雀躍的消息。洛桑阿旺的中文、藏文造詣都很好，派他為首席翻譯真是實至名歸，我也為他感到高興。

一天傍晚，我在校園散步，大約是七點多的時候遇到了洛桑校長，沿著林蔭小徑，洛桑校長開口説道：「達賴喇嘛將到台灣訪問，你要好好準備翻譯的工作，你也要跟著法王回台灣一趟。」聽到洛桑校長的這些話，心中滿是納悶和不解，辦公室方面已經指派洛桑阿旺為隨行翻譯人員，並沒有要我隨行的意思啊，我想是洛桑校長記錯了。於是我回答洛桑校長：「辦公室指派的是洛桑阿旺。」但校長回答：「總而言之，你會隨行前往台灣擔任翻譯，你好好準備就是了。」我帶著滿腹疑惑回到房間，想不透校長為什麼要說這些話，所以也就沒有把這件事放在心上。

事後回想當晚的情景，夜幕低垂、樹影搖曳的肅穆，竟暗示了一生難忘的悲痛！

大約是在一九七〇年代，法王第一次明言禁止雄天護法的供奉，但在那段期間並沒有對這議題多加說明，直至九〇年代，法王才正式提到依止雄天護法的問題。指出的原因是：第五世達賴喇嘛指出，雄天護法其實是由邪怨化成的厲鬼，並非是真正護持佛法的護法上師；若依止雄天，不但在佛法上得不到證悟，反而有傷慧命。另外雄天的信徒規定「禁止供奉蓮花生大士的法照和經典，否則會受到最嚴厲的懲罰」，這也與歷世達賴喇嘛尊重各教派信仰的理念相違背。

蓮花生大士為寧瑪派（紅教）的祖師，不准供奉蓮花生大師的作法，是離間兩教派之間的和諧。歷世達賴喇嘛對藏傳中的四大教派都十分尊重，不論是哪個教派，都是佛所宣說的教法，不必厚此薄彼。關於雄天是邪怨化成厲鬼的說法，格魯派許多大師都曾提出證明，因此身為達賴喇嘛，有責任讓廣大的信眾知道真相。

很多雄天信徒宣稱：達賴喇嘛禁止雄天信仰是迫害宗教自由。他們的說法是模糊了法王真正意思，其實達賴喇嘛並沒有要求每一個人都要相信他，法王只是說「如果要參加他的法會、接受灌頂、或接受他所傳的戒律，請不要依止雄天，因為這是在做兩面人，而依止雄天的人也請不要參加由他主持的任何法會」。這就好比佛陀並沒有要求每一個人都不能有性行為、不能喝酒，但身為出家僧眾，就必須持戒清淨，不得有任何男女之間的肉體關係和不能飲酒是一樣的道理。這是一種戒律、一種許諾，而不是迫害宗教自由。

對於雄天一事，大家都不敢挺身而出，原因是大家都害怕遭受雄天信徒的傷害。但洛桑校長卻常以海報、文章甚至在公開場合呼籲依止雄天的禍患，希望能喚起正信。很多洛桑校長的學生和弟子，都擔心他會因此遭到不測而勸他不要做這些事。但他總是說：「你們不要怕，我的身體是鐵打的。」或是說：「為達賴喇嘛做事是我們的福氣，你們難道不知道達賴喇嘛很辛苦嗎？我們不可以凡事都只想到自己，忘了原本應盡的責任。」

一九九七年二月四日上午，洛桑校長和洛桑阿旺前往皇宮拜見法王。法王說起那一天的情景：那天，校長對法王詳談了自己的理想和抱負，事後也對皇宮中及學校內的一物一景端詳許久。

當晚六點多，洛桑校長想將法王在洛杉磯教授心經的開示以中文記錄下來，於是找來洛桑阿旺和另一位也會中文的同學阿旺羅卓到他的房間裡。

就是在那時候，洛桑校長和我的兩位同學被人殺害了！

洛桑校長被殺當時是坐在床上，這顯示一切發生的非常突然。兇手的手法十分殘忍，幾乎是亂刀砍殺洛桑校長和我的二位同學；這群人不但準備周詳而且可能是職業殺手。發現他們遇害時，洛桑校長的手緊抱著枕頭壓在胸前，希望止住大量湧出的鮮血，而另一手則緊緊抓著兇手的背包不放，為的是要留下線索，讓兇案得以昭雪使世人了解真相。沒多久，他們就因失血過多而圓寂了。

洛桑校長過世後，我們整理他的房間時發現有許多密函，其中有恐嚇也有勸告。有關命案的進展，印度警方查出兇手一共六人，並且公佈他們的照片；調查結果顯示這六人都是雄天信徒。

兇案發生的前一年，校長常對我們說：如果他走了，要我們好好學習；如果他走了，我們要如何如何。似乎在那時候他就預感將不久於人世了。

洛桑校長就是這樣的勇敢、偉大，只要有意義而且可以讓大多數人得到更大福祉的事，他就堅持到底，甚至犧牲生命都毫無畏懼。

有好長一段時間我都不願意相信洛桑校長已經離開人世、離開我的事實。我時常回想起小時候洛桑校長牽著我的手，到辦公室拿蘋果給我們吃的情景。為了我們二位來自台灣的孩子，他背了許多黑鍋，甚至有人罵他是包庇漢人的藏奸，但他不畏人言，絲毫不減對阿旺札西和我的關心與照顧。

我真的很沒用，在他老人家還在世時，心裡沒有升起一點菩提心及空正見，我對不起洛桑校長。四年多來，每當憶念起校長施加於我身上的恩惠時，我的內心仍是非常感動與悲傷。但我知道，這股悲傷時時警惕著我，不時為我找到人生的方向，也將在日後成為敦促我向上的力量。衷心盼望，這是洛桑校長最樂於見到的報答！

我錯了！

一九九七年初，我的心在下雪，悲傷和後悔的雪落在我的心湖，泛濫在我的內心深處，終於潰堤。我知道在此時不論做什麼，都難以彌補我曾放逸過的時光！一九九七年初，我的心和達蘭沙拉一起哭泣。

這一年，我的洛桑校長被殺身亡，奄奄一息被抬出的情景，至今叫我難忘。從十三歲離家，洛桑校長就像是我的父親，在異地求學的日子，校長無微不至的照顧，讓我能安心在印度求學。校長走了，我不斷回想從小到大和校長相處的情形，校長的掌溫好像還留在我的掌心，我好懷念讓校長牽著手進辦公室拿水果的日子。我靜靜看著校園中的一草一木，回憶著和洛桑校長相處的時光，校長的身影依稀可見，但卻也不得不接受校長已離開人世的事實。

我好後悔在校長有生之年並沒有用功，也不夠精進，白白浪費了在印度這些年的時光。而今校長走了，我卻只能懊悔自己未能在校長在世的時候用認真學習來報答他；在他走後，自己也沒有任何令人欣喜的成績可以供養他老人家的。

很多人都和我一樣，生活中有著大大小小的懊惱，不斷的道歉，也不斷重複同樣的錯誤。我希望在不斷的後悔中浪費生命嗎？當然不，因此，我告訴自己，我已經因為怠惰散漫讓自己悔恨過，就不要讓自己有錯第二次的機會。雖然我失去了洛桑校長，但是我的根本上師達賴喇嘛和親教師壇確校長都還在世，我必須敦促自己不能偷懶，要在心中努力升起菩提心和空正見，來報答我的老師。

你做錯過事嗎？你是怎樣來面對它，是化悲憤為力量？還是被後悔埋葬？記得有一位偉大的西方哲學家曾說過：成功的人就是要懂得面對錯誤。如果在做錯事之後，卻讓自己一直停留在事發當時的心情，這對往後的生活一點幫助也沒有。青少年應該勇敢面對自己的錯誤，從錯誤中尋找啓示，而不是一味地自怨自艾甚至怨天尤人，讓自己深陷錯誤的泥沼中不可自拔。

我們每個人從小到大都會做錯事，但不見得每件錯事都可以彌補，現代社會中有太多人因為自己的疏忽所造成的錯誤，讓許多人和家庭破碎。青少年血氣方剛逞兇鬥狠，導致自己受傷或是危害別人的生命。這樣的錯誤並不是一句抱歉能彌補。也有人貪杯買醉枉顧別人的生命安全酒醉駕車，造成他人的死傷，這難道是一句道歉或後悔就能了事的嗎？

有的時候我們會因為疏忽而犯錯，但有的時候我們卻是明知故犯。有人一生都在犯錯，有人則是犯的錯誤了一生。人是不完美，但不完美卻不能拿來當成藉口，有時候做錯事真正受到傷害的是自己。就像我，我後悔自己沒有用功，浪費的是自己的時間，損失的是自己，別人並沒有因為我的偷懶而有任何損失。如果我很努力，在這漫長的十多年中應該更有成就，但卻因為自己的懈怠，反而讓這些寶貴的時光白白流逝，就算現在後悔，已逝去的時光也不會因為我的悔恨重新來過。

常聽青少年朋友說：人不輕狂枉少年。我並不十分贊同這句話，輕狂是必須付出代價的，而這些代價常是要用一生來償還；青少年常認為青春不留白，但莽撞的結果，留下的往往是悔不當初。人生不是在拍攝電影，沒有太多可以NG重來的機會。

對我而言，這世界上沒有第二個洛桑校長，在他有生之年，我明知自己放逸懈怠，卻沒有及時努力精進，好長一段時間陷入懊惱的情緒困境中，但我知道，如果我只知道懊惱而不求更加努力，我很快的又會犯另一個錯誤，如此一來我不過是讓自己在自責後悔中不斷的原地踏步。

校長走後經過好長一段時間，我開始整理自己的情緒重新出發，在受比丘戒後規定自己每天做菩提心的觀修，如果我繼續埋首悲傷，校長有知，他老人家一定會因為看到我一蹶不振而難過。

我們總會在無法避免的情況下犯錯，在此同時，我們應避免會讓家人傷心或蒙羞的事。青少年朋友在做每一件事情時，應該多站在別人的立場去想事情，真的沒有太多時間讓我們浪費，也沒有太多機會可以讓我們犯錯；而且有些錯誤必須付出一生做為代價。另一方面，一旦我們做錯了事，就要勇於面對，從錯誤中尋找經驗，不要讓自己不停地在同一個地方跌倒，這樣錯誤才有代價，而且可以避免虛擲一生。

第一次翻譯

一九九六年法王應洛杉磯悲智佛學會林耿如居士之邀，前往巴莎迪娜市為該地的華人信眾講經說法，因為講法的對象是華人，所以需要中文翻譯。值得一提的是，這場法會是法王第一次為華人所舉辦的法會，也是我的第一次正式翻譯。雖然之前也曾在法王的皇宮裡面為法王與華人訪客翻譯，但這些內容通常是閒話家常，沒有涉及深奧的佛法內容。一整場的講經說法及灌頂法會就不同了，需要整理的資料不但繁瑣，而且內容既深且多，事前的準備功夫非常重要，不是兩手空空坐在那裡就可以應付的。

當法王確定接受邀請後，便指派我、阿旺札西、和最優秀的首席翻譯洛桑阿旺擔任翻譯工作，並決定說法的內容為聖道三要和一場千手千眼觀世音的灌頂。我和阿旺札西分配到聖道三要的翻譯，洛桑阿旺則負責灌頂法會的部份。為了這場法會，老師們再次特別教授我們聖道三要的內容，並且四處蒐集所有聖道三要的資料和論註，為的就是要讓翻譯工作能做到盡善盡美。

洛桑阿旺是位了不起的年輕人，他非常認真負責而且十分用功，身為達賴喇嘛的首席翻譯，的確當之無愧。當他知道要負責千手千眼觀音灌頂的翻譯之後，就四處詢問：誰有法王先前傳授該灌頂時的法會實況錄音。找到之後，他花了相當長的時間將錄音帶內的所有內容逐字逐句地記錄下來，準備工作絲毫不馬虎。

隨著時間一天天的流逝，我的心情也愈來愈緊張，這是我第一次的正式翻譯，是一個全新的挑戰，我開始猜想台下會有多少人來聽法？到時候我的心情會怎樣？我把這些興奮、緊張的心情也打包放在行李中，一同到了洛杉磯。

法會的第一天答案終於揭曉，可容納三千人的場地坐了二千七百多人，將有五千四百多隻眼睛殷殷期盼的看著我。第一天我就抽到上上簽——居然是第一個翻譯。我開始心跳加速頭皮發麻，加上沒見過如此大的陣容，緊張地直冒汗。翻譯的過程中障礙重重，心裡又擔心台下的信眾無法獲得法王完整的法教，五味雜陳的情緒可想而知。好在另二位翻譯看出我的苦處，全力支持我，我和阿旺札西原本就默契十足，我只要皺個眉頭或一個眼神，他馬上就知道我在哪部份遇到困難，他馬上會遞紙條給我替我解圍。

這是我第一場翻譯，完全欠缺做筆記的經驗。法王一說法就是好長一大段，我只能全神貫注的把法王所有的話全部放在腦袋中，然後將說法的內容一一翻譯出來。很多人訝異我和阿旺札西有如此驚人的記憶力，也好奇我們是如何辦到的。

其實我們並沒有超人的記憶力，有的只是責任感，因為我們必須為台下二千多位信眾負責任，同時將法王的弘法內容完整的傳達給他們，對他們而言，也許只需一句話甚至一個字，都有可能為他們的人生或學佛的過程產生重大的影響。我們深知這個重要性，因此我們是竭盡所能全力以赴。

在那場法會的第三天，是千手千眼觀音灌頂，因為洛桑阿旺事前準備工作周詳因此受到相當的好評。老實說，當時我的心裡有些不舒服，但冷靜下來時，就會有一個聲音告訴我：「蔣揚，這場法會最重要的是台下二千多人有沒有真正得到完整的教法，如果這個目的沒有達到，就算你成為法王的首席翻譯，你也不會開心的，台下的信眾因為你而白白浪費了三天的時間。」我這才發現是自己的嫉妒心讓自己不開心。洛桑阿旺事前花了許多的時間和精神做準備，我沒有像他這樣努力，我怎麼能和他比呢？

當我這樣思維後馬上告訴自己：「嫉妒心想要我痛苦，但我不要被它牽著鼻子走。」接著，我開始為洛桑阿旺祈禱，希望他翻譯能更順利，而且得到更多的讚美和別人的支持。在那一刻，我感受到和洛桑阿旺的關係更密切了，彼此之間也沒有了距離。

在洛杉磯法會之後，洛桑阿旺深獲法王的信任，並指派他到雪梨擔任時輪金剛的翻譯工作，時輪金剛灌頂的內容非常多，洛桑阿旺也和先前一樣花了好幾個月的準備時間，並將所有錄音帶內容毫無遺漏地寫下來，並記錄成一大本筆記。

在他被殺身亡後，這本筆記留給了我。每次看到這本筆記，都會想起過去與他相處的種種而悲傷。也許在未來，大家有機會參加由我翻譯的時輪金剛灌頂時，請大家別忘了感謝我這位好友——洛桑阿旺，因為有他的努力，大家才有機會得到如此完整詳細的灌頂。

意外的人生

大家對我的印象就是法王達賴喇嘛的翻譯。老實說，這真是我人生中的意外。小時候我只想出家，終生沉浸在研究浩瀚的佛法經典中，卻在冥冥之中成了法王的翻譯。回想起每一次翻譯的經驗，都成了人生中難忘的美好回憶。

來到印度三個月後，雙親和阿旺札西的父親來印度探望我們，那時候我才剛學藏文沒多久，但因為年紀小，學習能力強，藏文的基本聽、說能力已具備大半。那一次他們前往法王皇宮覲見達賴喇嘛，並要我在一旁翻譯。那一次的談話內容我已經記不太清楚，唯一記得的是我把八月十三日說成了十三月八日。法王很疑惑地看著我，問道：什麼是十三月？接著哈哈大笑，我這才發現自己說錯了話。沒想到第一次翻譯就出師不利。

一九九三年，也就是來到印度的第五年，日常法師初次帶領四十三位的請法團來到達蘭沙拉，向洛桑校長請法，內容是第五世達賴喇嘛所寫的菩提道次第廣論的註釋。因為對象是台灣同胞，所以也需要中文翻譯。大家給我這個機會試試，我只好硬著頭皮上場，整節課下來有許多佛學名詞是十分陌生的，我只能用最簡單的白話文帶過，倒是台下的人聽到這樣的翻譯方式都覺得非常新鮮。

每當我遇到翻不出來的時候，我就趕緊向阿旺札西求救；台上看似鎮定的我，其實心裡緊張的不得了，雙腳是不聽使喚地顫抖著。有了這次的翻譯經驗之後，我和阿旺札西整理出一本佛學名詞筆記，算是這次並不成功翻譯所得到的小小收穫。

隨著翻譯次數的累積，經驗也愈來愈豐富，第一次遇到大場面應該是一九九六年的洛杉磯法會，這是有史以來達賴喇嘛第一次為華人講法，這次的法會也是和我的好友洛桑阿旺最後一次並肩合作。

洛杉磯法會不久，法王接著來台訪問，這是一次破冰的弘法之旅，真是百感交集。回到家鄉固然令人開心，但在那之前我才剛痛失恩師洛桑校長和摯友洛桑阿旺，內心的傷痛無法由光榮返回故里的欣喜取代，多麼希望時光能倒回到從前，是由洛桑阿旺來擔任首席翻譯。

第一次和法王回到台灣，腦海裡浮現的都是和校長、洛桑相處的種種，而大家也是從那一年開始認識我——蔣揚仁欽。現在回想起那一年的感受，真的是難以用文字和筆墨來形容。

爾後法王到紐約莊嚴寺為信眾講授佛子行三十七頌，那也是我第一次獨當一面。之後我隨著法王四處弘法，不論是在國外，或印度境內，對於各種狀況也愈來愈得心應手，特別是同步翻譯。同步翻譯是較困難的部份，這部份的經驗主要是在菩提迦耶的法會，菩提迦耶是佛陀成道的地方。早些年，法王都會固定在這裡舉行法會，因為弘法的對象主要是藏人，所以並不會為翻譯留下時間，達賴喇嘛就不停地講下去，而我就像是個剛學步的小孩不停地在後面試圖跟上法王的腳步，慢慢的我體會出箇中的巧妙，也愈來愈能應付自如。

這些年的歷練和法王之間也培養出默契，法王會非常注意我的翻譯過程，有時候他會提醒我那裡沒有翻到或翻譯上有失誤。

每當說法前，我都會祈請達賴喇嘛加持，觀想他融入我的身體，當他高興的時候，我和他一起高興，悲傷的時候跟著他一起流淚，等到說法結束後，我會將功德迴向給達賴喇嘛，希望他能健康長壽長久住世，也將功德迴向給台下信眾，希望他們能獲得佛的加持，而能離苦得樂。

我並不認為自己是優秀的翻譯，只不過我的表情豐富、個性活潑，比較容易讓大家接受，我也認為這是前世累積的福報，今生才有這樣好的機緣能跟在法王身邊。這些年來感謝法王達賴喇嘛的加持，給我這個機會藉由翻譯累積功德，更要感謝阿旺札西和身邊的好友給予我的支持和鼓勵，雖說翻譯是我人生中的意外，但是擔任達賴喇嘛的翻譯卻將是我這一生中的目標。

二〇〇一年法王訪台記

清晨五點，昨日的疲憊尚未解除武裝，我又起身準備新一天的戰鬥。

起床後，吃完早餐，六點前在飯店大廳就準備位置。當法王下樓，全員定位，一聲令下全部的隨行人員上車出發了。一路上警車開道，原本擁塞的高速公路因有警車的開道而一路順暢，我閉目養神小憩片刻，才一會的功夫，我們就已經到了林口，當法王拾級而上在法座上開始前行修法，忙碌的一天也就此展開。

其實在所有人六點就定位前，達賴喇嘛早在四點就起床開始早課，和隨行人員相比，六十六歲的法王每天的行程比我們早二個小時開始。

早上三個小時的翻譯，消耗我不少的體力，好不容易到了中午飽餐一頓之後，可以找個角落休息片刻。看看在貴賓室用餐的法王，午餐時間才剛開始，貴賓室門口已經有一堆人等待著；訪客、記者、貴賓、和未在名單之列突然來訪的重要人士。法王想必沒有太多時間好好享用午餐。

下午的課程開始，法王又上了法座，台下的信眾全神貫注，台上的我們則戰戰兢兢。當下午的課程結束，並不代表法王和隨行人員就可以休息，通常在課程結束之後接著安排拜會活動。回到飯店，我們大概就可以解除戰備狀態或用餐、或休息；但法王回到飯店的情況還是一樣，有許多訪客和採訪已經等在門口了。

剛開始，這樣的緊湊行程還可以接受，幾天下來，年輕力壯的我漸漸覺得體力不足以應付了。每當我疲倦時，我可以安排午餐後的稍事休息，但法王絡繹不絕的會面，連午餐都無法好好享用，更遑論找個時間閉目養神。然而在如此忙碌的行程中，法王沒有絲毫懈怠，每天早晚課的持誦和觀修不曾缺漏過。不但如此，我從不曾看到法王的情緒或表情，有因為任何行程的忙碌而感到不開心。

法王訪台的最後一天，忙碌的情狀達到最高峰。早上從台北出發，三個小時左右到達彰化，接下去就是雲林、嘉義的訪問和拜會，傍晚時分抵達高雄縣。這樣緊湊的行程連我這樣二十出頭的年輕人都大嘆吃不消，法王已屆六十六歲的高齡，卻看不出任何疲憊。

這樣的弘法拜會也不是偶一為之的安排，法王幾乎每個月都會出國訪問，有的時候甚至一整個月都在歐洲或美國各地弘法；每年幾乎有一半以上的時間在弘法旅行。旅行應該是件寫意快樂的事，但是成為以旅行為職業的人，很少會告訴你長時間的飛行、不停地調整時差是難得的享受。

法王幾乎從不喊累，只有偶爾會在法座上揉揉眼睛、打個小呵欠。看在弟子的眼中，真的是有萬般的心疼，因為只有我們才知道行程有多緊湊，這對一個年長者的身體，是多麼大的負擔。

記得有一次，在千手千眼觀音灌頂的前行修法時，法王在壇城附近見到一位年長的喇嘛，立刻下跪頂禮。對方眼見法王頂禮立刻也下跪禮拜。一開始，我以為這位喇嘛是法王的上師，後來我才知道這位喇嘛並不是法王的上師，只是常到法王的皇宮中與法王討論佛法，加上比法王早出家，在佛法的戒律上，後輩應禮敬長者。達賴喇嘛並不考慮法王之尊立刻禮敬前輩，法王並不在乎自己的地位或名聲，完全依律戒行事，他一直謙稱自己只是一位平凡的僧人，沒有什麼特別或過人之處。法王虛懷若谷的個性，也讓我時時反省自己的言行。

法王訪台對於漢藏佛法的交流具有重大的意義；之前，大部份的人對密法有極大的誤解。在法王來台訪問之後，雖然仍有許多不明就裡的信眾以求加持的心態來參加法會，但有更多人開始了解到藏傳佛法中強調菩提心的重要，任何一場殊勝的法會也必須有正確的發心，才能得到真正的加持。法王來台，對於澄清大眾對藏傳佛法的誤解有很大的幫助。

支持法王不辭辛勞、足跡踏遍全世界的原因，就是法王對眾生的承諾、對眾生的慈悲；法王永遠是將眾生置於最重要的地位，而從不考慮自己的安樂。我常隨喜自己的前世，如果不是前世所集的善業，今生也不會如此接近達賴喇嘛；但也懊惱自己今生是如此懈怠不精進。

凡是在法王身邊的人，無不為法王的慈悲和謙卑深深折服；法王的每一個隨行人員，都是打從骨髓裡尊敬他；在法王身旁感受到的溫潤，就如楊枝淨水滋潤柔弱的心靈。身為法王的隨行人員，沒有人會抱怨辛苦，我們都以自己的工作為榮。因為我們更有幸在平凡中親見法王的偉大。

很希望下次法王再度來台弘法時，你也能來感受那份春風化雨。

達賴喇嘛的眼淚

台上一片靜默，信眾們頓時鴉雀無聲不停地向高台上張望。法王的聲音為什麼突然停住了？

從大大的電視牆上看到法王掩著面、低著頭，台下的信眾竊竊私語：法王累了嗎？還是法王身體不適？好久好久大家才發現「法王哭了！」

大家不明白原因，看著台上哭泣的法王，台下的信眾們也哭了起來。法王的眼淚我並不陌生，這不是法王第一次哭泣，但法王的每一滴眼淚都撼動我的心。

法王為什麼哭？這麼多年來，法王每每提到菩提心、空正見和密勒日巴時，都會感動的落淚。法王總是謙虛說自己一點菩提心也沒有，但法王的眼淚卻證明了他對於菩提心有很深、很強烈的感受；不但如此，法王對龍樹菩薩所說的空性道理更是激動，法王深深覺得唯有透過龍樹菩薩的經典，才能了知深奧的空性，因此法王才會流下感激的眼淚。每每看到法王的眼淚，總是慚愧，也慶幸自己有幸能在他身邊學習。

有幾次，法王在提到密勒日巴時哭了，只要看過《密勒日巴傳》的人，都會因密勒日巴的精進和不懈怠苦行而感動，我幾乎每看一次，都會哭一次。密勒日巴並未因環境中的艱難而退縮，反而因苦行而成為影響後人深遠的大成就者。那種過程除了能鼓勵我們在佛學上的修行外，更重要的是能鼓舞我們面對生活上的困境。我深信法王是深受密勒日巴苦行及不畏艱難的激勵，而流下眼淚。

法王在第二次訪台時，提到菩提心時也是掩面哭泣。他說自己沒有菩提心，也沒有空正見，但談到菩提心時總是又悲又喜。法王還告訴台下的信眾，不要供養他任何金錢，他沒有任何禮物可以送大家，唯有教授菩提心送給大家作為禮物。這對所有的人都是一份千金難買的大禮，可以讓人生生世世受用。菩提心是快樂的來源，因為觀修菩提心而獲得的快樂是如此踏實，達賴喇嘛是親身體會到那種感動，才會話一說完就流下淚來。

法王是位非常直接而且自在的人，才剛掩面哭泣馬上就破涕為笑，還拿起衛生紙告訴台下的信眾說：我要擤鼻涕了，這種至情至性的表現，常讓弟子們又悲又喜。

法王的眼淚是眾生最珍貴的禮物，並不是因為我們有機會看到法王哭泣，而是我們會因為法王的眼淚開始思維什麼是菩提心，去聽聞什麼是空正見，也可能因為好奇而開始閱讀《密勒日巴傳》中到底有什麼內容會讓法王感動落淚，而因此改變了我們的一生，或在你人生低潮的時候給了你勇氣面對困境。對我們這些在輪迴中載浮載沉的眾生而言，是一個啓示，而這樣的啓示很可能可以幫助我們從輪迴中解脫。

我很慶幸自己有機會能從達賴喇嘛每一次的眼淚中，更深刻體會菩提心和空性不可思議的功德，想想許多同年齡的青少年正為自己的前途迷惘，對未來不確定的人生感到傍徨的時候，自己有幸跟在達賴喇嘛身邊體會內心平靜的快樂。

這些年隨著達賴喇嘛四處弘法，回到家鄉常聽到別人稱呼我為達賴喇嘛的高徒，我是深深受之有愧，在我心裡並沒有升起多少菩提心和空正見。每當達賴喇嘛流下至性的眼淚時，也正是我反省的時候。

即使法王失去國家和人民，卻仍不忘對眾生的承諾。在他的身上，看不到悲情、看不到仇恨，有的只是如海洋一樣遼闊無際的慈悲和愛。我常覺得西藏人很幸福，有達賴喇嘛這樣充滿睿智、幽默、樂觀、和慈悲的領袖。西藏發生的悲劇，並沒有讓他們陷於萬劫不復的境界，在到處都是乞丐的印度，你不會看到藏人社區中有藏人流落街頭乞討為生，他們的生活總是井然有序。看到藏人的笑容，想到法王的眼淚，讓我更珍惜能和法王相處的機會。

聚光燈的光芒

當達賴喇嘛第二次來台訪問，我發現自己的生活有了改變，許多媒體訪問我，在公共場合有許多人爭著找我簽名合照，報紙雜誌常看到我的報導和照片，我聽到別人的讚美，在別人的眼裡，我變得很了不起、很神聖，甚至有人稱我為達賴喇嘛的高徒，一個具有大福報的人。

當我看到台下的萬名信眾引頸期盼時，我的驕慢之心像是冒出頭的草一勁地往上竄。我得使勁全力把自己心中的傲慢向下壓，讓自己回到原來的心情，告訴自己：我就是原來的蔣揚，並沒有因為聚光燈的照射而改變，我並不希望在眾人的讚嘆中迷失了方向，忘了自己是誰。

回到印度之後，生活恢復以往的平靜，和同學相處，我還是原來的我，生活自在快樂。這樣的對比，讓我有機會反省：為什麼會因為得到別人的稱讚而失眠？這完全都是自尋煩惱，仔細想想和達賴喇嘛的證量、功德相比，我根本就不算什麼。我會得到別人的稱讚，完全是因為達賴喇嘛的關係，就如同太陽照射產生影子，當太陽不見的時候也不會有影子的出現，我不過是個無名小卒，透過達賴喇嘛的功德力得到名聲，有什麼值得驕傲，自己又有什麼資格產生驕慢的心？

我們人總是這樣顛倒行事，事實上自己一點功德力都沒有，卻常莫名其妙地覺得自己很了不起。一個穿著襤褸的人，開了一輛賓士車會讓他覺得很了不起，開起車來橫衝直撞，所有的人車都必須讓他——因為他開的是輛百萬名車，自覺不可一世。有人穿了名牌服飾走在路上覺得虎虎生風，好像有了這身衣服真有君臨天下的感覺。如果沒有了名車，這衣衫襤褸的人可能會被人當成乞丐，沒有了名牌服飾、赤身裸體地走在路上，還會被人當成笑話，沒有這些外在讓自己驕傲的事物，我們本身還有什麼可以引以為傲的地方？

有人喜歡掌聲，喜歡成為眾人的焦點，結果在掌聲中迷失自己。為了成為眾人的焦點而標新立異，依附著其他事物而得到別人的稱讚，自己卻一點實力也沒有。成為焦點並無可議之處，而是成為焦點卻並不足以為模範，反而是壞榜樣時，這就可能對社會造成危害。

達賴喇嘛第二次訪台行程結束後，在高雄機場有位記者問我：「這次對於達賴喇嘛的報導有褒有貶，法王有什麼看法？」我想法王不會因為外在的好壞影響他的心情，因為達賴喇嘛每做一件事、說每一句話，都不是以獲得別人的讚美或掌聲為目的，法王的每一句話、每一個字都是發自內心、出自真誠，不論別人讚美與否都不會影響到他的生活或情緒。

站在聚光燈下享有掌聲的人，同樣的也要盡義務，因為掌聲來自眾人，對於給予掌聲的人有責任提供正確的示範。我們所處的社會有非常強的模倣力，因此對於自己成為焦點時就更應該戒慎恐懼。讚美常會讓人忘了自己真正的實力，這種情形像極了國王新衣中的笨國王，明明身上就是一絲不掛，旁觀者的竊竊私語，還沾沾自喜的以為別人正稱讚他的新衣。

大部份的人都喜歡聽到別人的讚美，為了一句話可以開心個半天，但我們很少檢視自己夠不夠資格接受別人的讚美。如果我們習慣等待別人的稱讚，我們在做事的時候常會以贏得掌聲為目的，而不是以他人的利益為出發時，這個不真實的讚美就像毒品一樣，我們必須靠著它才能精神抖擻，一旦失去就委靡不振。貪圖一時的快意而讓我們失去自我、要受外在力量的控制，這代價真不可謂不大。

經過這些年的經驗反省，當我受到讚美時多半有二種反應：一種是會將這些讚美轉化成下一次服務的動力，要求自己更好；別人的讚美是鼓勵我向上的力量，讓我更歡喜地為大家服務。另一種反應則是：蔣揚，你真的很好，你是世界上最好的。這就慢心，驕傲的心，不但不能成為激勵我向上的力量，反而會讓我無法接受別人的批評，對自己一點好處也沒有。所以，面對別人的稱讚我會小心翼翼，每當別人稱許我的時候，我就會看看自己夠不夠資格接受這些讚美，如果自己沒有別人說的那麼好，我就必須鞭策自己更加努力。

隨著達賴喇嘛在華人地區弘法的次數增加，認識我的人也愈來愈多，當我有更多機會和別人討論佛法時，因為許多人認識我的關係反而成了一項助力。以前和大家談論自他相換和菩提心時，真正能感受震撼的人少之又少；隨著知名度的增加，當我再次與大家討論相同的話題，很多人能真正感受到那股力量而感動流淚。對我而言，這是接受別人讚美的附加價值。

我會善用在聚光燈下得到的光輝，更盡心盡力為眾生服務。

少年維特沒煩惱

我和平常人一樣，生活中的煩惱並沒有因為我是出家人就比較少，只是在我多年的佛法學習中，對於煩惱的本質、煩惱的來源、甚至煩惱的副作用，都有比較清楚的認識。每當煩惱產生的時候，我會先自問：到底是為了什麼事煩惱？

達賴喇嘛的來台訪問，卻是我的還鄉。身為法王的中文翻譯，一時之間感覺自己在眾人眼裡突然間變得很了不起。有一天晚上，我竟然因為別人的讚美而失眠。當我檢視自己的心態時，發現原來是慢心讓自己起了煩惱、讓自己失眠。當我發現自己因為我慢產生煩惱，因煩惱而導致失眠，我一點也不快樂，如果快樂是人生的目標，那我反而是離快樂愈來愈遠了。

我躺在床上思前想後。我曾立誓：直至虛空中的眾生盡、生死亦盡，不然都要生生世世來到世間，為眾生的安樂而努力。既然我生為眾生，死也為眾生，我又何必在意自己有沒有得名聲呢？這樣一想，我很快地放下讓自己煩惱的慢心，安然地進入夢鄉了。

我很幸運在成長的過程中，有好的師長指導和透過教理認識煩惱的起心動念，在遇到狀況時而能應付自如。長期訓練下來，「為什麼要讓自己煩惱呢？」的自我反省，就成了我最好的座右銘。

我們受煩惱牽動的時間太久，想要一下子就能制伏它的確有些困難，因此我們也要長時間練習，把制伏煩惱的智慧養成習慣，將來在煩惱現前時，「為什麼要讓自己煩惱呢？」就能自然反射動作，輕易消除令人困惑不快的煩惱。

說了這麼多「煩惱」，我（一個年輕又活潑的和尚）到底有沒有感情的煩惱呢？對於漂亮的女生，我當然會產生好感；但我也很清楚這是一種貪著煩惱的開始。當我們貪愛一個人之後，很希望對方完全屬於自己，這其中就會產生嫉妒、不滿等等不快樂的感覺。我追求的是快樂，但貪愛一個人要付出如此大的代價，這簡直是自尋煩惱。

或許在我的人生哲學中，已經認定愛情是痛苦的來源，因此當我遇到漂亮的女生，通常會去思維自己到底喜歡對方哪一點，眼睛？個性？還是其他的原因？透過理智的分析，我常常能讓自己很快地冷靜下來。

對我來說，每一個眾生都曾是我的母親，既然與今生母親沒有差別，那又何必貪戀？而我也對自己許下諾言：要盡一切的力量去利益別人。如果我把自己的心思只放在一個人身上，我豈不是失信於眾生、欺騙自己？透過這種自我克制，我不會讓自己陷入感情的漩渦中不可自拔。

當我們對一件事或一個人產生貪著心時，其實就是把自己關入鐵籠當中，我們的心思永遠飛不出以愛情為名所產生的桎梏：因為一個人的喜怒哀樂而患得患失、有許多要求卻因為對方達不到而產生煩惱。何況我是希望自己快樂的，難道我不能讓自己快樂嗎？如果當初只因為貪心、受美麗的外貌迷惑，當二人真正相處時才發現個性南轅北轍水火不容，原本快樂自在的生活將陷於混亂吵鬧中。假使這是可以預見的結局，那我情願一開始就不要讓它發生。

我相信世界上少有永恒不變的愛情，這從近年來不斷攀升的離婚率就可以知道。當初是因為相愛才在一起，如今卻因無法相處而分開，而且分開的過程中大多是淚水和悲傷交織，那樣的感受不用親身體會就知道一定很痛苦。快樂是每一個人的人生目的，有了愛情反而讓更多的人痛苦，那又何必自討苦吃呢？

從我出家之後，我的生活簡單快樂。一個人的生活並不孤單，每天可以隨性安排自己的生活，不用像一般人一樣，下了課或下了班要趕去接女朋友；到了重要節日也沒有夾在親人和女朋友之間進退兩難的煩惱；情人節不用為了送什麼禮而傷神；也不用擔心女朋友何時會離我遠去。沒有了這些束縛，我可以為更多人服務，因為眾生的快樂才是我真正的責任。

我雖然不曾品嚐過愛情，卻不難嗅出愛情中的苦澀，猶如雖不曾嚐過毒品，可是從吸毒者的身上了解到毒品確實有它極為誘惑的吸引力，但這些人卻不知道服用後的副作用更為恐怖。這些人可能認為我們很可憐，無法服食世界上最好的食品，可是我們卻會憐憫這般人的無知。

以一個出家人來看，當愛情結成了婚姻的果實，接踵而來的家庭經濟、子女教育、夫妻對待方式，似乎每一個環節都緊緊地扣著煩惱，或許這也就是為什麼以公主王子為基調的童話故事都在婚禮作為故事的結局，因為接下來的情節，一定是大煞風景的。

沒有愛情的生活，我從不覺生活枯躁乏味，事實上我相信我比任何人都還快樂，因為我擁有的不是一個人的幸福，我也在奉獻自己的同時，擁有其他人的快樂。愛情屬於小愛，一種只能利益一個人的愛，這樣的愛叫做「貪」，而且還有副作用。我並不想把自個兒的心只交給一個人，只為一個人生、為一個人死，這樣的愛並不踏實。如果愛只有單一目標，在失去之後又必須尋找下一個對象，然後再重新經歷適應的過程，那真是浪費人生。

現在，我將生命交給了眾生，每天都為著別人的快樂而努力，我愛的對象是自己以外的每一個人。雖然沒有愛情作伴，但我卻擁有最多、最真實的真愛隨行。

問世間，情為何物

每次演講，我總會遇到千奇百怪的問題，記得有一次有人問我：「為什麼愛得愈深，痛苦就愈強烈？」這是很普遍的問題，而且我相信這個問題困擾著各個年齡層的人。當然，這裡所謂的愛，除了愛情之外當然也包括親情。

曾有人告訴我一個發生在巴黎的真實故事。一個年輕的高中女孩從小乖巧聽話，是父母師長心中的好孩子。在一個偶然的機會下她認識了一位男孩，這男孩自幼失去父母，從小在缺乏愛和關懷的環境下長大。他脾氣火爆到處惹事生非，個性衝動的他，在學校裡常因小事便對同學暴力相向，最後終於被學校開除。

女孩與他相戀之後，逐漸受他影響而與父母漸行漸遠。男孩則因為逞兇鬥狠的個性使得他無法謀得一份固定的工作，於是他想離開法國到國外重新開始新的人生。為了籌措旅費，男孩說服女孩以出賣肉體的方式賺錢，等存夠錢二人一起出國重新開始。女孩被說服了，心想：只要二人能永遠在一起，任何犧牲都是值得的。女孩開始她的皮肉生涯，當她賺足旅費交給男友時，男孩卻只買了自己的機票遠走高飛。他告訴女孩，他已經無法和她骯髒的身體相處。

這是一個在現代社會中時有所聞的背叛故事。假設這個故事的發展是：二人一起出國開創新生活，而男孩卻在他國另結新歡。這個為了愛可以拋棄父母、出賣肉體的女孩，為愛犧牲一切，當她知道男孩移情別戀時會有什麼反應？如果這份愛是建立在貪著和佔有的薄弱基礎之上，那女孩的反應就會是勃然大怒而非誠心祝福。這也表示她所做的犧牲是為自己的貪念而非對方的快樂。這個結論很殘忍，卻是不爭的事實。

男女相戀時海誓山盟，愛到至深至切時甚至可以為對方犧牲生命。我們一般認為的愛情定義就是希望對方能快樂，奇怪的是，當其中一人另有新歡時，大多數的人都不會誠心獻上祝福，而是不計一切代價想拆散對方挽回頹勢。如果為了愛一個人連最寶貴的生命都可以不要時，當對方找到另一個可以給他更多快樂的人，我們為什麼要生氣、憤怒，甚至不惜兩敗俱傷呢？這樣說並不是要給負心的人藉口，而是希望大家能真切反省自己口口聲聲說的「愛」是什麼？

熱戀中的男女總希望二人能永遠不分開，想盡一切辦法要把對方綁在身邊，只要一分開就感到痛苦，會用盡各種方法追蹤對方的行動。雖然嘴上說是關心，其實不過是為滿足自己的佔有欲望，當貪念愈來愈多、多到無法滿足時，我們就會因為達不到而產生痛苦，這就是為什麼當我們愛一個人愈深痛苦也愈深的道理。

貪著就像是一種迷幻藥，常有美麗的外表作裝飾，當我們被以愛做掩護的貪著纏上時，就墮入五里霧中無法看清事實。熱戀中的人很難用理智去分析眼前的這個人是否真正適合自己，眼裡看到的盡是對方優點，因為分不清愛和貪著的界限，一心一意只想讓對方完全屬於自己，而結婚似乎就是滿足這念頭的唯一方法。婚後佔有對方的貪念減少、激情慢慢消失，這時才會用理智看待生活，婚前對方的優點在此時完全消失不見，兩人開始互相埋怨，抱怨對方與婚前判若兩人。其實眼前的人並沒改變，只不過當初並沒有靜下心來用理智判斷而已。當生活中充斥著不滿與抱怨，當初愛得你死我活的兩人，最後可能落到對簿公堂終至分道揚鑣的結局。

自己是個出家人，不曾品嘗過愛情，但我也曾檢視自己是否真正了解愛和貪著之間的差別。記得到印度求學不久，我至親的外婆過世。外婆以高壽往生，遺容安詳，就佛法的觀點，我應該為外婆的重生而感到開心。因為從許多跡象來看，外婆應該會轉生到一個好的「來世」。在生前年邁的外婆不能自由行走，耳不聰目不明，身體就像穿了八十多年的舊衣，在生活上帶給她極大的不便。而今她終於可以換上新衣，而我不但沒有給她祝福卻傷心不已。

後來我冷靜下來看外婆的辭世，才發現我傷心是因為我再也不能享有外婆的關愛，我的痛苦完全是出於貪著那份關愛而產生，失去和外婆相處的種種，讓我感到難過。當我分清楚自己傷心的原因時，我的悲痛很快地釋放了。

我並不是說我們不需要愛情，不需要有愛的對象。人在這世界上必須有愛的對象，因為這是支持我們生存的力量，而是應視「愛」為一種尊重，也就是與某人相處時，所帶來的種種美好回憶是來自於兩人和諧的結果，所以快樂的一半功勞應歸功於對方，加上我們每個人都希望能快樂，所以尊重他人的立場是非常合理的。

與任何人相處時，如果對方臉上充滿了憤恨或內心悶悶不樂，我們也無法自在地享受歡樂，他方與自方的安樂是一體兩面的，所謂的「愛」或是「希望他人快樂」的理念，實在是具體的理由，況且獲得最大利益的是自己。

內心充滿真愛的人是沒有煩惱，沒有痛苦。以我而言，我愛的對象是這世上無量無邊的眾生，是我以外的每一個人，因為要讓別人得到快樂，我必須更努力，這對象是支持我生存和努力的方向。

如果希望伴侶成為支持你的力量，理智選擇就變得非常重要，我們必須冷靜地分辨愛和貪著之間的差異，觀察對方是否真正值得信賴。每個人都有缺點，如果我們貪著的衝動超越理智，就無法看到對方的缺點，即使知道缺點，也可能因為過份執著而給予美麗的藉口，這往往是未來痛苦的根源。如果我們觀察到對方的缺點，而這個缺點是可以接受的，這種透過了解而產生的關係，將是未來穩定生活的力量，日後就不會因貪著、無法滿足而痛苦了。

比丘尼媽媽

我有個溫柔的母親，每當我要觀想眾生在過去世對我的恩惠時，只要想到我的母親，很快地我就能在心中產生感恩之情。母親是個明理人，從小對我的教育態度就十分開明。在我的記憶中，父母親在我很小的時候就開始學佛，也因為如此，我從小就在愛和慈悲的環境中長大。

和一般嘮叨的母親不同，我很少聽到母親連珠砲般責備孩子，也很少不明就裡地先罵一頓再說。她不會因為我的考試成績差而發火，但卻會因為我偷改成績單而火冒三丈。即使在升學掛帥的年代，我那不怎麼出色的成績她也不曾對我過份苛責；對我出家一事，她倒是獨排眾議全力支持。

一九八九年日常法師全力推廣菩提道次第廣論的時候，父母極為讚嘆此教授，並大力護持日常法師推廣正法。一九九三年時，日常法師為了能夠廣大利益群眾，以佛法思想融合於儒家文化，宣揚論語。父母認為佛法的內容甚為深廣，不只談論今世的倫理道德，更是有力的利益於未來生生世世。雖然父母極為稱讚日常法師推揚正法，可是在利眾的作法上，有不同的看法。父母親和日常法師的關係仍然密切，只是在利眾的立場上，作法有所不同而已。

父母親這些轉變的真正心意，或許不是一些人能了解，但父母親並未因此灰心，反而更堅定在佛法道路上的決心。當她看到我在印度求學的辯經制度，能犀利地參透佛理時，她決定將這一套原屬於那蘭陀寺流傳下來的制度，移植到漢系佛法來，母親深信辯經制度對佛法的發展將有很深遠的影響，於是在埔里成立印度辯經學院的分院。

台灣辯經學院從一片荒蕪的土地，到今天的規模，都是母親和住眾們親手拌水泥、一磚一瓦建立起來的。母親原本細緻的雙手，也因為粗重的工作而變得粗糙。

母親出家的因緣是因為當初有很多人跟著母親學佛，而他們有出家的念頭，當時母親身為在家人，要帶領出家人並不適合，加上埔里的道場需要一位當家師父來凝聚大家的向心力，於是母親為了大眾而決定出家。

母親出家前我們曾經懇談過。雖然出家可以提供一個適合修行的環境，不受外界的喧嘩和污染，能在一個清淨的環境下清修，我應該為母親感到高興才是。但出家不是件容易的事，特別是比丘尼必須遵守三百多條戒律，因此希望母親在出家前能慎重考慮。

談到出家，並不是說任何想出家的人隨隨便便就可以出家，出家之前一定要對生死產生強烈的出離心，所謂出離心並不說當我們在工作上遇到挫折或失戀的時候，就跑去出家，這並不是出離心而是種逃避。所謂出離心是指：我們必須了解到人是隨著業和煩惱而走，只要有業就有痛苦，有煩惱就有輪迴，因此，如果沒有對輪迴感到厭離，那麼出家就毫無意義可言。

在台灣一般人對出家的觀念是：受到打擊或刺激，不然就是想不開。很多人也是因為這些理由而出家，但這都不是正確的心態，這只是一時的逃避，並沒有對煩惱或人生有正確的認識，就算剃了度，住到寺院中，煩惱沒有因此斷除，就算是外在環境再平靜，內心也會因為煩惱而起伏，對於究竟解脫並沒真正的幫助。

我們難道在紅塵俗世中就沒辦法修行嗎？當然不是。雖然我們在現實生活中會比在寺院中清修更容易遇到逆境，如果能在平時多涉獵佛法，遇到逆境的時候就是我們訓練自己對治煩惱的最佳時刻，這也就是我們在佛法上所說「轉逆緣為道用」的意思。

一般人認為學佛就是要出家，一聽到周圍有人學佛就開始緊張。其實不然，學佛的目的是要提升我們的心靈層次，學會如何面對煩惱，在任何環境和狀況下都能夠活得自在，這才是我們學佛的意義所在。

我對成年人出家會有許多的建議，但對於小孩子出家則非常贊成，雖然小孩子對周圍環境的判斷力有限，但因為小孩子的學習能力強，如果從小把他們放在清淨的環境當中，加上能從小學習辯經，讓他們清楚認識煩惱，而且懂得如何對治煩惱，對小孩子的未來有很大的幫助。

母親出家後，為了弘揚佛法佔據她所有的時間和精力，看到父母親這麼辛苦，每年寒暑假我都會回台灣幫忙。

母親的出家對我的影響不大，但對於整個漢系佛法的發展會產生長遠的影響。辯經可以讓經典上的道理經由不斷的辯論，讓學習者更加透徹認識經典的內容，母親將辯經制度引入台灣，對教法和眾生將是受用無窮。

母親說：只要看到辯經制度在漢地發揚光大，佛法能長住世間得以流傳，任何辛苦都是值得的。

我的供養金

偶爾，我也會收到信眾們給我的供養金。這些得之於他人的供養金通常我會分成三部份，扣除自己所需的零用金，其餘的分成二份：一份給同學、另一份作為救助窮人的基金。

與達賴喇嘛回台弘法後，我有了一千多美元的供養金。我想：自己在印度的花費不大，大約五百美元就夠平日所需，剩下的五百多美元可作為窮人的救助基金。

可是我猶豫了！如果將這五百多美元撥為救助基金，萬一我有急用時豈不是求助無門？如果急用時從救助基金中提用，又違背了自己的承諾。為了這事，我再三猶豫、下不了決定。

按照一般的作息，每一天會安排三次菩提心的觀修，好讓自己心裡保有菩提心和愛心。結果這次一作觀修，就有一個聲音不斷地在我耳邊叨絮著：「蔣揚啊！你還修什麼菩提心哪！連這點錢都分不出去了，別再自己騙自己了。」

這個聲音就像是頭長尖角的小魔頭不斷地嘲笑我。

我將這種感覺放在一旁，偶而體會一下這個小魔頭的嘲笑聲。到了第三天，再一次觀修時，我突然很歡喜地決定將錢分了出去，內心完全沒有交戰和掙扎。

我做到了，而且是歡喜地做到了。

這個轉折過程，讓我想到佛陀在經典中提到的：菩薩們所發的菩提心的力量是非常強烈而且不可思議的。雖然第一階級的菩薩有能力布施個人的手腳給他人，可是佛陀不允許，因為布施後的歡喜心不夠堅定。但佛陀允諾初地以上的菩薩可以布施他們的身體（註：初地是一種境界。成佛道有五，它屬中間第三者的第一階段）。因為他們的布施可以產生真正的歡喜。

當要為他人犧牲時，最重要的是要抱持心甘情願、歡喜授予的犧牲，這其中沒有帶著任何一絲的勉強。這也讓我知道，為眾生或為他人犧牲是歡喜的犧牲，有沒有實際的布施行為，倒在其次，重要的是我們應該先有一顆為別人犧牲的心；當我們先從心靈上淨化意念之後，自然而然會在行為上表露出來，因此建立正確的發心真的遠比勉強的行為更重要。

一看到「發心」這二個字，或許讀者會想起日常生活裡常聽到有人說：「某某人，你發心捐個錢；或是某某人，這個就由你發心認捐吧！」這其實是不樂之捐而非發心。發心常是靠一種慈悲的善念，或是說還沒有到實際行動前的善念。例如：我們常會聽到一些人因生活陷入絕境而痛苦，也常會看到一些人（或動物）遭受虐待，在這時候內心生起一絲悲憫之心，甚至在內心願意代這些生命受苦，這就是所謂的發心。要不斷滋潤這顆善良種子，才能長成為利眾善行的果實。

很多人以為「幫助他人」就是一定要有實際的行動（如：為人打

掃、煮飯、從事勞務），認為布施就是要將錢財分給別人。這些都對，只是在此之前，更重要的是我們在做這些事的時候，還要培養毫無抱怨、悔恨，心境上應該是開開心心的態度。

有些人在做這些好事時，可能得不到家人的支持或鼓勵，因此在幫助別人時會擔心家人是否不悅，以致行善時不能歡歡喜喜，也容易因為一些小事而起煩惱心，這樣反而是不完備了。因此，菩薩以最有技巧的方式教我們如何服務別人：先在心態上或想法上為別人犧牲，因緣成熟之後，再要求我們的實際行動。

歡歡喜喜地為他人服務，乍聽之下好像非常簡單，但歡喜之中不帶一絲埋怨和虛榮就不太容易。大部份的人都喜歡自己的付出能獲得別人的讚美，在內心中也會認為自己是在做功德。這種期待有所回饋的心態，就是「以利他的名義行利我之實」。當我們把錢放在乞丐的手中時，心裡最常想的是：我在作功德；很少人會把乞丐當成一位菩薩，以最虔誠恭敬的心在供養他，感謝他給我們供養的機會。

我們常常誤解發心的真正意義，因此有人認為要捐錢蓋大廟才能稱為發心，結果有些人為了較勁而在供養布施上比數目、比排場。能力不足的人就會覺得自己不如人、心理上不舒服；有能力的人就覺得自己功德殊勝高人一等。這些都是錯誤觀念。只要是發自內心歡喜、真誠的供養，那怕是只有一毛錢、一瓣花瓣，甚至只有在心裡默默發願，它都是非常珍貴的。

相反的，如果有人供養許多的金錢，但心裡只想到能得到多少的名聲和功德，他的所作所為其實是毫無價值可言。布施最珍貴的地方是在於我們有一顆純淨歡喜的心，而不是名目上的多寡。

別以為只有錢才能累積善業。當我們看到別人做好事時能打從心裡為別人高興，當別人遭逢不幸時不在一旁幸災樂禍，這些就是善事了，而且不需要任何金錢，任何時刻都可以行善。這樣的方式不但可以潛移默化、提升我們的心靈，更是我們改變命運的好方法。

算命與改運

算命是台灣的特色之一，千奇百怪的方式，是其他國家難以匹配的。

如果在網路上做個問卷調查，沒有算過命的，可能只有寥寥數人而已。縱使本身沒有算命的經驗，相信在小時候，我們的父母也會拿著我們的生辰八字，請所謂的高人為我們命名批八字。

很多人在生活不如意的時候，會以算命的方式為自己的人生找出口。曾經在電視頻道泛濫的靈異節目，正反映出我們對於不可知世界的好奇，甚至帶著些許的恐懼。這些年來，台灣經濟陷入不景氣的惡夢中，加上全世界的大環境充斥著戰爭、仇恨的氣息，面對如此難以掌握的社會，人們的不安感也愈來愈強烈。在這樣的狀況下，算命就好像是沙漠中的綠洲，大海中的浮木，成為現代人蒙昧時的指引、未來的依靠。

我不敢說算命全都是胡說八道，有極少數的算命有它的準確性存在。但絕大多數的算命是針對現有生活中所發生的事，以心理作用而推演出來的說詞。這些說詞對前途茫然的人，居然是仙丹妙藥。還有自助式的塔羅牌也在台灣大行其道，甚至曾有國中女生，因為算出來的結果不如意，竟然因此自殺了。

我對算命的看法是：如果對於自己所處的困境沒有用正面、積極的態度面對，縱使有大神通者也難扭轉乾坤。

有句話說：窮算命，富燒香。會前去算命、祈求指點迷津的心情不言可喻，大部份是碰到了無法解決或決定的困難。而算命師每天面對這麼多的求助者，早就練出一身察言觀色的好功夫，終有辦法在當下說得人心服口服，至於正不正確也就不是這麼重要了。如果碰到有心行騙的歹徒，一個被生活擾得不順心、手足無措的人，很容易在喪失理智下，使得原本就不如意的生活雪上加霜。

佛教主張：「前世的業會影響今生，且縱然前世業已造，也可以經由『緣』的改造不讓它感果。」猶如花蕊（果）雖從種子（因）來，但沒有陽光、泥土、水分等「緣」，是不可能生出苞蕊的；雖然佛家講「業」，但是緣是操縱在自己的手上的。如果有些人認為既然「業」已決定一切，那還能再做什麼？這種想法是消極的錯誤觀念。

再者，自認為「我」能改變一切，遇到無法解決的問題時，便以為自己是全天下最不幸的人，甚至尋求自殺一死百了，還認為這是終結一切的最後方法。像這樣不懂得依「緣」改變觀念的人，只會帶給自己、他人心理上極端的痛苦。

所以對業果上的認知與作法，是一個佛教徒對佛法教理最基礎的認識，能正確認識業果的人，在遇到障礙時，應該會懺悔自己前世所造的惡業，而不是埋怨或責怪，再藉著懺悔清除心中的塵垢，恢復靈明的神智。頭腦清楚了，何愁找不到最好的解決辦法？當然也就不會給予歹徒可趁之機。

而且我相信人的命運是可以改變的，只要檢視自己的發心和動機，用「正直」和「利他」的態度去做每一件事，這就是改運的最好開始。接下來就是要有決心和毅力。當你能「檢視」自己的發心和動機，你不就是在改變當中嗎？當能用正直利他的「態度」去做每一件事，你不是也正在蛻變嗎？當你擁有了「決心」和「毅力」，成功更是已經站在你這一邊了。這就是在改變命運。

命運可以改變，那運氣呢？我想有的人運氣很好，處處有貴人相助；但有些人則是運氣很背，總是碰到對頭來攪局。我認為這還是和前世的業力有關。與其花大錢去算命，聽一些似是而非的論調，不如靜下心來思維（當下的前因後果、事情的來龍去脈）與懺悔，這才是對於自己較有益處的作為。

西藏人很重視卜卦，但卜卦並不是用來求功名利祿、問前途，而是在同時有二件事情必須作出抉擇時，以卜卦結果作為參考之用。就我個人的經驗，有些卜卦的結果確實可以作為決定事情的判斷依據。只是在台灣有很多人喜歡找西藏僧眾卜卦，並把卜卦當作是另一種算命，這實在不是令人高興的現象。

常常看到新聞報導揭發神棍騙財騙色的行為，其中還不乏是國中少女為老耄的神棍控制。或許身為家長的人該好好想想：是不是你們創造太多機會，讓心術不正的神棍或算命師有可趁之機？總希望不費吹灰之力就能逢凶化吉的心態，弱化了應該越挫越奮的少年心？

自殺能解千愁？

自殺的理由千百種，有的因為失業、有的因為失戀，不論理由為何，想要的結果只有一種：那就是一死百了求解脫。

然而死亡是完全的解脫嗎？我想答案是否定的，因為真正的解脫是不隨煩惱和業的流轉而輪迴，自殺的人卻因為沒辦法衝破煩惱的網而從生命的舞台敗下陣，接著投入另一個生死，這樣怎麼算是了結煩惱和業呢？

有人因為錢自殺。

我肯定錢一定會為人帶來煩惱，而且擁有財富卻不一定快樂。我有個朋友，從他買賓士轎車的第一天，他就不曾開心過。只要他一離開車子，就開始擔心車子被偷，又怕別人不小心把車子刮傷。於是他決定停在停車場，但停在停車場他又面臨另一個問題，他不敢把住户的號碼牌掛在車上，為的是怕自己的家成了偷兒眼中的大肥羊。車子開上了路又擔心歹徒跟蹤成了別人綁架的對象。有了這部車後他整日擔心受怕。看看全球新聞，也有富豪是自殺身亡的。如果有錢不保證快樂，那麼，因為沒錢去自殺的人會不會太傻了？

有人為了愛去自殺，因為對方有了新歡。

如果真的愛對方就應該希望對方快樂，而今對方在新歡身上找到快樂，這時應該為他高興才是，為什麼要為了這個原因自殺呢？到底是為了真愛而死，或是為了妒嫉、貪著而自殺？如果沒有搞清楚，那豈不是死得很冤枉嗎？

選擇自殺並不是智和勇的表現，當遇到困難或阻礙時，沒有勇氣面對，而是以自殺來逃避，特別是為情自殺的人，更將懦弱發揮到淋漓盡致。為情自殺的人往往沒有達到懲罰對方的目的，卻對自己和家人造成難以彌補的傷害。有的人自殺未遂，終其一生必須忍受肉體上的痛苦，甚至成為植物人；以自殺為懲罰手段，最後承受苦果的卻是自己。

最悲慘的是因為天災而失去家人的人。九二一大地震之後，很多人因為沒有辦法面對喪失家人的痛苦，又要面對家人繁瑣的後事，最後心力交瘁而走上絕路。但選擇自殺是家人希望的結果嗎？我相信已逝去的家人，必定希望倖存著能好好地活下去，把他們未能享受的幸福也一併享受。如果他們看到還活著的家人最後也走上絕路，那種傷痛和當初活著的人的感覺一定是一樣至深至切。他們不會因為九泉之下有伴而感到快樂的！

很多人認為自殺可以解決問題。如果人沒有前世後世，而選擇自殺解決現有的痛苦，我沒有太多的意見。但人是有前後世的，如果自殺了，痛苦仍然沒有解決，同樣的問題到了來世仍然存在。如果人不出輪迴，對困擾自己的煩惱沒有辦法有所領悟，我們終究生生世世還是會面臨同樣的痛苦。

如果自殺不能解決問題，反而製造更多的問題，那麼我們為什麼要選擇自殺呢？與其去想要怎麼死，倒不如想想要怎麼生，讓自己做更有意義的事。

看重自己的生命很重要，常常去思維什麼是有意義的人生，能讓生活過得更豐厚。對我而言，生為眾生而生、死為眾生而死，就是我認為有意義的人生，當我的生命和我所有的一切都不屬於自己的時候，我就沒有終止自己生命的權利，因為我是屬於眾生的，我的所作所為都是以眾生的快樂為目的，為了要滿足這麼多人的快樂，我根本無暇思考自己的痛苦，每天只想到要為了別人的安樂而努力。當我有了確切的目標時，面對煩惱、挫折，也絕不會輕言犧牲生命。

宗教信仰不像空氣人人都需要，但提升自己面對挫折和煩惱的能力，卻是非常必要的。我們現在的生活或許是無憂無慮，但不能保證未來的每一天都過得風平浪靜。平時能以正確的心態面對挫敗，可以避免自己習慣以逃避來面對問題。

現在的青少年，有很好的物質生活，平常也受到很好的保護和照顧；但這樣的生活，對青少年並不是好事，青少年過份沉溺於物質享受，每天都只想著要如何消費、要去哪裡瘋狂，每天都讓自己的精力發洩在吃、喝、玩、樂上，遇到挫折便手足無措不知如何應對了。

我相信教導青少年平時多思維人生的真正意義，應該是避免他們在遇到煩惱時，便以自殺解決一切的最好教育。

前世今生何為緣

愈來愈多人對前世今生這個課題感興趣，很多人也嘗試以催眠的方式探討前世。前世這個觀念的確很重要，因為如果只有今生，大概也不會有人想學佛了。就是因為有生生世世、有輪迴，學佛就變得很重要。

以佛法的觀點而言，人的生生世世是無自能作主的，就好比大海中的浮木，隨著海浪載浮載沉，如果我們不學習控制它的方向，當然也就無法決定它的終點，這樣無自主能力的旅程是毫無自由可言。學習佛法的目的就是要了脱這種無自主的生生死死，由自己決定來生將前往何處，這才是真正的自由自在。

但輪迴不已的到底是什麼東西？相信大多數人都會回答：靈魂。沒錯，是靈魂，但靈魂到底是什麼？希望下面的抽絲剝繭，能讓你體會出這個靈魂的存在。

以科學的觀點來看，腦是人體的主控室，支配軀體、四肢的活動。當眼耳鼻舌身的神經接受到資訊時，傳遞至大腦經變化產生腦波，這個腦波就是我們所得到的感覺（冷熱脹痠痛痲）、情緒（喜怒哀樂愛惡慾）或思想知識等。身體的機能會隨著歲月的流逝而衰退，當腦隨著時間而退化時，我們的思想、情緒會退化嗎？如果思想情緒也會老死，那我們就不會有來世，問題是：腦等同於這些心緒嗎？還是心緒是一種透過腦而產生的能量體？

我們身體各部分的神經所觸碰的每一件事都屬於現在式，所產生的感覺也都是現在式的感覺，即使我們回想多年前的某一件事或某一個人所產生的喜、怒、哀、樂的感覺也都是屬於現在。問題在：人要在什麼情況下才會想起過去的種種，例如：現在你試著想一位兒時的玩伴，他（她）的容貌是不是立刻在你的腦海中呈現？現在你沒有和這個朋友一同談天、嬉戲，也就是在沒有任何的神經刺激下，為什麼可以想起這個人？到底是什麼啓動大腦皮質中的記憶？

再舉其他的例子。當我們的身體處在一個燈光美、氣氛佳，外在環境極優的狀況下，我們的情緒不一定會因為外在環境的美好也同樣保持安樂的狀態；如果我們將二個人安置在同樣的環境中，神經所接觸的事物也完全相同時，顯然地大腦變化理當相同，可是其中一個人會產生善的念頭，另一個則起了歹念，這又是為什麼？這些在在說明：身的變化與心的變化並沒有絕對的關係，背後還有一個造成差異所在的因子。

關於這個問題，或許你會回答說：當然是「我的思想」決定要想起著個人、決定要快樂或是痛苦、決定要善要惡。沒錯，這個你能意識到的思想體，其實就是靈魂體；只不過這個有意識的思想體還只是靈魂體的一部份而已。下面會告訴你：它為什麼只是一部份而已。

曾有一位麥克．陶伯德（Michael Talbot）的科學家以LSD（為一種藥物）為病人治療時卻發生許多超乎人想像的結果。其中有一位不曾受過教育的病患，在治療過程中很清楚地描述埃及人製作木乃伊以及塗香的技巧，甚至說出古埃及護身符的意義和木盒的材料。另一位病患在治療過程中，則是很清楚的描述成吉思汗如何征服歐洲以及歐洲庶民當時的生活狀況，這些描述之詳盡遠超出一般人的教育程度。相信這類例子是不勝枚舉，或許還有很多是你曾聽過或是周遭親友的親身經歷。

有科學家宣稱：LSD只不過是讓腦部產生緊張反應的化學物質。但如果LSD只會對腦部產生緊張反應，那麼一個未受教育的人何以能說出古埃及的種種？

這表示在我們的大腦之中，還記憶著很多我們意識不到的事物。這個潛意識的思想，也是靈魂體的一部份。我們這一生當中，能用到的腦細胞平均來說大約只有百分之十而已，其他百分之九十會是無用之物嗎？還是在我們意識不到的情形下另有用途？

總之，身、心（靈魂體）是分開的兩者，但相互間卻有極大的關聯。而且這個心可以不斷的相續（就像思想可以持續不斷一樣）。有意識的續流，就是今世的思想總和；無今世意識的積累，有如天生帶來的溫柔或殘暴等不同的個性，或者是上述難以解釋等現象，這皆來自於生生世世的記憶總和。

為什麼有人可以記得前世，有人則否？就佛家的觀點來說，人在死亡時，粗分的意識會逐步溶解，其過程；如眼識、耳識、鼻識、舌識、身識逐步消逝至意識，意識本身又可分許多不同粗細層次，溶解的過程就是由粗到最細微的部分。一般的死亡情形，溶解的時間稍緩，因為記憶多數儲存在粗分的意識，因此照著一般性的死亡狀況來說，上述的溶解後比較不容易把記憶帶到後世。

至於突然死亡者，雖然溶解過程的次序不變，然而因時間極為短暫的緣故，故記憶不容易被抹滅，也因此有些人對於前世的記憶較為深刻。經過無數次的輪迴之後，每個生命體，或多或少都遺留許多世的殘存記憶，而這些殘存意識，存在我們的潛意識之下，同時也影響著我們的言行，讓我們不由自主。

身心之間的交互作用又是如何呢？

科學家發現禪定可以改變心的狀態。其中一個實驗是：科學家在二位客觀條件類似的實驗者身上連接許多管線，在毫無預警下發出巨大聲響，這二人受到聲響驚嚇後，生理和腦波所產生的反應幾乎不相上下。在其後的二個月裡，其中一人每天在固定的時間閉關，另一個則一如往常起居，二個月後再做相同的聲響實驗。實驗結果發現，有禪修的人比較能保持平靜，未禪修則不然。

科學家認為人的注意力無法長時間地專注在一件事物上，常會因為外在環境的改變而分心。但對於一些有禪定功夫的行者而言，他們的注意力常專注在一件事或一位本尊上長達數月甚至數年之久，這引起科學家的興趣，開始研究禪定和心之間的關係。這些科學家來到達蘭沙拉，將一位禪師放在冰箱裡（人的體溫只要降低幾度就可能致死），而這位禪師的體溫竟然沒有什麼變化。這個不可思議結果，證明了心其實是可以改變身體的狀態。

我們知道人的心是不斷相續而衍生的，所以念茲在茲的是什麼就很重要。舉個例子，想想我們討厭的人。當初看到自己不喜歡的人時，一開始可能不是很強烈，但之後每天都想起這個人的討厭之處，久而久之當這個人迎面走來時我們的反感與日俱增，之後更不要說是共處一室了。這就是反覆訓練對人產生的影響。如果能善用反覆訓練的力量，幾乎是替自己打造一把萬能鑰匙。

了解現世的意識作用的重要性之後，想要解脫無自主性的業力牽引，唯有透過有意識的鍛練（修行），以此淨化帶來煩惱的殘存意識——業障，擺脱業的作祟，這才是真正的解脫之道。

國家圖書館出版品預行編目資料

自己的路，勇敢的走 / 蔣揚仁欽 著 曾靜瑤 整理. -- 初版. -- 台北市 ：
商周出版, 城邦文化出版：家庭傳媒城邦分公司發行；
2002.02 面： 公分.
ISBN 957-667-999-0（平裝）

1. 蔣揚仁欽—傳記

226.969 90017176

自己的路，勇敢的走

作　　者 / 蔣揚仁欽
文字整理 / 曾靜瑤
責任編輯 / 陳玳妮

版　　權 / 翁靜如
行銷業務 / 李衍逸、吳維中
總 編 輯 / 楊如玉
總 經 理 / 彭之琬
發 行 人 / 何飛鵬
法律顧問 / 元禾法律事務所　王子文律師
出　　版 / 商周出版
城邦文化事業股份有限公司
台北市中山區民生東路二段141號9樓
電話：(02) 2500-7008 傳眞：(02) 2500-7759
E-mail：bwp.service@cite.com.tw
Blog：http://bwp25007008.pixnet.net/blog
發　　行 / 英屬蓋曼群島商家庭傳媒股份有限公司城邦分公司
台北市中山區民生東路二段141號2樓
書虫客服服務專線：02-25007718・02-25007719
24小時傳眞服務：02-25001990・02-25001991
服務時間：週一至週五09:30-12:00・13:30-17:00
郵撥帳號：19863813　戶名：書虫股份有限公司
讀者服務信箱E-mail：service@readingclub.com.tw
歡迎光臨城邦讀書花園　網址：www.cite.com.tw
香港發行所 / 城邦（香港）出版集團有限公司
香港灣仔駱克道193號東超商業中心1樓
電話：(852) 25086231　傳眞：(852) 25789337
馬新發行所 / 城邦(馬新)出版集團【Cité (M) Sdn. Bhd. (458372U)】
41, Jalan Radin Anum, Bandar Baru Sri Petaling,
57000 Kuala Lumpur, Malaysia
電話：(603)90578822　傳眞：(603) 90576622

封面排版 / 何偉靖
印　　刷 / 韋懋印刷事業有限公司
經 銷 商 / 聯合發行股份有限公司
新北市231新店區寶橋路235巷6弄6號2樓
電話：(02)29178022　傳眞：(02)29110053

■2002年2月1日初版
■2021年1月19日初版59.5刷
定價 250元

Printed in Taiwan

ISBN 957-667-999-0

法相山台灣辯經學院簡介

法脈

台灣辯經學院直屬印度辯經學院，屬於傳統藏傳佛教法源之一。印度辯經學院在 1971 年由西藏精神領袖 達賴喇嘛所創辦。台灣辯經學院設立的目的在培育通達三藏之法師，弘揚佛法，改善社會，希望能有效的利益中國 12 億人口。

何謂辯經制度

辯經正確的說法稱為「應成」，在佛陀時代即有世尊與外道辯論之史實，只是當時並未建立制度，直到陳那菩薩造釋量集論、法稱菩薩造釋量論方始建立完整的「應成」基礎。藏系佛法的「辯經制度」係從印度「那蘭陀寺」傳來，是今日佛法法脈中僅存保有此制度最圓滿的一支，這也說明佛陀教法中為何藏系非常通達的原因。

辯經是一種抉擇，透過「應成」的理論能夠逐一排遣矛盾、去除疑惑，且能愈趣深入，得到最嚴密和正確的抉擇，此抉擇慧即是思所成慧，是尋求解脫及佛果者不可缺少之慧。若學者不依「應成」理論建立抉擇慧，所學佛法容易在名相上打轉，如同水中浮萍沒有根基。文殊師利菩薩曾讚云:「釋量集論是未來眾生的眼睛」，可見應成理路之重要。

課程內容

辯經學院課程主要以五部論為主：釋量論（二年）、現觀莊嚴論（六年）、中觀（三年）、俱舍（一年）、戒論（一年）。之後，學習彌勒菩薩所造寶性論及其它教派論集（共二年）。通常整個課程修學完成後，學僧將能深入經藏，成為一位非常稱職的佛法老師，可任教佛學院或寺院;亦可選擇進入譯經院，翻譯經典或閉關禪思體驗較深層次的覺悟。

有關台灣辯經學院資訊，歡迎來電洽詢，或利用網站讀取。

地址：埔里鎮西安路三段 148 巷 63 號

電話：(049)2932637，2931751　　傳真：(049)2931853

網址：www.ibd-taiwan.org.tw　　e-mail：ibd@ms26.hinet.net